Andréa Greco

Conecte-Se

Construa relacionamentos que vão gerar negócios, parcerias e manter sua rede aquecida

Literare Books
INTERNATIONAL
BRASIL · EUROPA · USA · JAPÃO

Copyright© 2024 by Literare Books International
Todos os direitos desta edição são reservados à Literare Books International.

Presidente do conselho:
Mauricio Sita

Presidente:
Alessandra Ksenhuck

Vice-presidentes:
Claudia Pires e Julyana Rosa

Diretora de projetos:
Gleide Santos

Capa, projeto gráfico e diagramação:
Candido Ferreira Jr.

Imagem de capa:
Freepik

Revisão:
Ivani Rezende

Impressão:
Gráfica Paym

Dados Internacionais de Catalogação na Publicação (CIP)
(eDOC BRASIL, Belo Horizonte/MG)

G791c Greco, Andréa.
Conecte-se / Andréa Greco. – São Paulo, SP: Literare Books International, 2024.
264 p. : 14 x 21 cm

Inclui bibliografia
ISBN 978-65-5922-841-6

1. Redes de negócios. 2. Empreendedorismo. 3. Sucesso nos negócios. I. Título.
CDD 650.13

Elaborado por Maurício Amormino Júnior – CRB6/2422

Literare Books International.
Alameda dos Guatás, 102 – Saúde– São Paulo, SP.
CEP 04053-040
Fone: +55 (0**11) 2659-0968
site: www.literarebooks.com.br
e-mail: literare@literarebooks.com.br

MISTO
Papel produzido a partir de fontes responsáveis
FSC® C133282

Agradecimentos

É com grande prazer que dedico este livro a você, como uma forma de expressar minha profunda gratidão pelo meu trabalho.

Ao longo desta jornada de escrita, Jesus esteve sempre ao meu lado, assim como meu marido encorajando-me a perseguir meus sonhos e acreditar em meu potencial. Meus pais com suas palavras de incentivo e seu apoio incondicional foram fundamentais para que eu pudesse concluir este livro. Obrigada a minha filha Leticia por compreender alguns dias de ausência, mas foi por uma boa causa.

Não posso deixar de mencionar a importância dos eventos, conversas e debates, que me ajudaram a moldar ideias, aprofundar conceitos e aprimorar minha escrita. Este livro é uma pequena forma de agradecer a todos que representam na minha vida. Suas qualidades, valores e amizade são um verdadeiro presente, e sou grato(a) por tê-lo(a) ao meu lado.

Espero que este livro possa trazer-lhe momentos de reflexão, entretenimento e inspiração. Que cada página seja uma lembrança de nossa conexão e do impacto positivo que você teve em minha jornada como escritora.

Mais uma vez, obrigada por tudo. Sua presença e apoio significam muito para mim. Que este livro seja uma pequena demonstração de minha gratidão e um símbolo duradouro de nossa amizade.

Com todo meu carinho,
Andréa Greco.

Prefácio

O que fazer para aquecer, manter ativa ou expandir a minha rede de relacionamentos? Estas são questões levantadas com muita frequência por meus mentorados, que ocupam cargos em todos os níveis nas mais diversas organizações.

Num português claro, o que esses profissionais querem saber é:

> *"Qual é o momento certo para procurar alguém?"*
>
> *"Como abordo uma pessoa que ainda não conheço?"*
>
> *"Devo ir a todos os eventos para os quais sou convidado? E, caso contrário, como declino elegantemente de um convite?"*
>
> *"Não vou parecer interesseiro ao me reconectar com quem não falo há muito tempo?"*

Pois, leitores, tudo isso tem a ver com esta combinação mágica de ciência e arte que se chama *networking*.

O *networking* é uma habilidade que deve ser dominada por qualquer um que deseje sucesso nos negócios e na vida profissional. Como diz Daniel Kahneman, prêmio Nobel de Economia em 2002, "preferimos fazer negócios com pessoas em que confiamos". Nada mais natural. Afinal, recorremos no dia a dia a conhecidos para buscar referências sobre encanador, dentista e até mesmo sobre um novo relacionamento. E *networking* não é nenhum bicho de sete cabeças.

Acha que conhece pouca gente? A verdade é que você consegue acesso a qualquer pessoa do planeta por meio da sua rede atual de relacionamentos. Faça o exercício de listar os ex e atuais colegas de trabalho, chefes, clientes, concorrentes, fornecedores, colegas e professores de universidade e de escola, vizinhos, colegas do clube, academia, *hobby*, associação profissional, trabalho comunitário ou igreja... Já é uma galera, não é mesmo?

Quantas pessoas o separam da Michelle Obama? Ou do Papa? No máximo, seis. E isso vale para aquele potencial cliente ou o dono daquela vaga na empresa dos seus sonhos.

Não é mito!

Trata-se de um fenômeno estudado pelo psicólogo americano Stanley Milgram, durante os anos 1990. Uma época longínqua, em que ainda não existiam as redes sociais.

Pense agora no quanto o caminho encurtou!

É lógico que estamos falando de uma atividade mais natural para alguns, os extrovertidos, por exemplo. Isso me faz lembrar de um amigo de infância, empreendedor do ramo imobiliário cujo negócio prosperou rapidamente. O segredo: ia a todas as festas de aniversário, batizados, bar-mitzvahs, casamentos, *happy hours*, funerais. Ele conhecia todo mundo e todo mundo o conhecia. Mas, caros introspectivos, não desanimem. Todos podem jogar o jogo, se realmente estiverem dispostos.

É por isso que se faz muito importante o livro da Andréa, que poderia muito bem se chamar "O guia definitivo do networking". Ela domina como poucos essa nova e fundamental competência do século XXI. Estuda, ensina, evangeliza e cria situações para que outros se beneficiem também. Andréa "Walks the talk". Ela mesma é praticante do que recomenda. Foi assim que nos conhecemos.

Networking exige colaboração e ajuda mútua, é um esporte coletivo em que todos ganham.

Networking é que nem músculo, requer treino.

Por fim, networking não é marketing pessoal. Também não é sobre você, mas sobre como você pode ajudar e ser útil à sua rede.

Ah, e lembre-se: o mundo dá voltas.

Marcelo Nobrega[1]

---

1. É mestre em Ciência da Computação pela Universidade de Columbia, em Nova York, e doutor em Engenharia de Produção pela COPPE/UFRJ. É autor de artigos científicos e do livro "Você está contratado!". É professor e palestrante em cursos de graduação e pós-graduação de gestão estratégica e inovação em recursos humanos. Executivo com 30 anos de experiência em empresas de diversos setores, é especialista em coaching de executivos, gestão da mudança e desenvolvimento organizacional e de lideranças.

Introdução

Você já parou para pensar como o *networking* ajuda de uma maneira geral nos seus relacionamentos? Vou contar uma história que talvez você se identifique.

Quando estava na pré-adolescência, não gostava de me destacar. Ficava no meu cantinho, quieta e, nas aulas, sempre se sentava na frente. Nas vezes que eu saía com os meus pais para ir ao shopping e olhava para um vestido lindo que eu queria, pedia a eles para perguntar o preço para a vendedora.

— Bicho do mato, vai lá e pergunta! — Respondia meu pai.

Com 18 anos, comecei a fazer faculdade de Letras. Para ser professora eu não poderia ser aquele "bicho do mato" da adolescência. Atuei como professora de português, auxiliava jovens e adultos em uma empresa que trabalhei com supletivo. Quando me formei, recebi um convite para ser responsável por uma das unidades.

Durante o meu estágio, trabalhei em algumas unidades da escola, e conheci o setor de recursos humanos. Fiquei dois anos naquela escola e decidi cursar psicologia.

Comecei tudo de novo. Entrei na faculdade já sabendo o que eu queria, trabalhar com recursos humanos, e mal prestei atenção em Freud, Gestalt ou Jung. Minha meta era fazer estágio logo no primeiro período. Fiz mais de dez cursos na área para pleitear um estágio, tendo em vista que muitos anúncios pediam experiência anterior. Mas como, se eu sou estagiária? Eu quero uma oportunidade!

Comecei a estagiar em consultorias de RH, que me propiciaram muita experiência na área e me ajudaram na questão de metas e prazos. Depois de quatro empresas, consegui um emprego de carteira assinada.

Aí começou meu namoro com o *networking*. Eu gostava muito de conhecer os processos e os gestores de cada área para o alinhamento do perfil do profissional para contratar. Então, eu, literalmente, passeava pelas áreas, aprendendo um pouco de cada uma. Meus colegas me comparavam com uma vereadora, pois falava com todos.

Eu ficava muito feliz ao ouvir isso, pois já não era mais aquele "bicho do mato", estava me articulando com outras pessoas e até participando de reuniões sozinha com meus gestores. Meu *networking* começou a partir de uma necessidade de me relacionar com as pessoas.

Em 2019, mudei-me para São Paulo e minha vida se transformou. Se no Rio de Janeiro eu já tinha uma rede de contatos, em São Paulo ela se multiplicou em pouco tempo.

No entanto, é preciso seguir algumas regras, por exemplo, adicionar muita gente não quer dizer que você será bem-sucedido. Deve-se estar atento às formas e estratégias para realizar uma abordagem adequada.

Neste livro, você vai entender mais a fundo como fortalecer relações, ter acesso a oportunidades e parcerias, como o *networking* o liberta, o vicia, gera negócios, amizades e cria laços.

Vem comigo?

Sumário

Capítulo 1: "É impossível ser feliz sozinho" | 13

Capítulo 2: *Networking*: rede de contatos | 31

Capítulo 3: Plante e cuide de sua semente | 53

Capítulo 4: Você e as redes sociais | 73

Capítulo 5: Ouça mais e fale menos | 95

Capítulo 6: Como fazer um *benchmarking* | 113

Capítulo 7: A importância do *networking* para os negócios | 133

Capítulo 8: *Networking* nos eventos | 157

Capítulo 9: Auxiliando sua carreira | 179

Capítulo 10: Você sabe criar a sua marca? | 201

Capítulo 11: Conhecendo os 3 N's? | 227

Capítulo12: O metaverso como uma nova fronteira para *networking* | 243

Capítulo 13: O retorno aos eventos depois da pandemia | 251

Conclusão: Não tem desculpa para fazer *networking* | 257

Capítulo 1
"É impossível ser feliz sozinho"

*"Fundamental é mesmo o amor,
é impossível ser feliz sozinho."*
Wave, de Antonio Carlos Jobim

É mesmo! Impossível ser feliz sozinho porque nunca, em nenhuma situação, estamos completamente sozinhos. Ninguém passa por essa vida sem um amigo, sem alguém para compartilhar momentos de tristezas, alegrias, frustrações e vitórias. Você já reparou?

Não existe um ser autossuficiente que consiga vencer sem precisar de ninguém, não nos bastamos sozinhos.

Já dizia Claudinho e Buchecha em sua consagrada interpretação:

*Eu não existo longe de você/
E a solidão é o meu pior castigo/
Eu conto as horas pra poder te ver/
Mas o relógio tá de mal comigo.*[2]

---
2. Música "Fico assim sem você" composta por Abdullah.

Capítulo 1

A sua rede de relacionamento vai ajudá-lo a obter resultados positivos e prosperar seu negócio ou serviço. Nos últimos tempos estamos vivendo uma época de crise, os profissionais estão se reinventando, e a sua rede de contatos agora é mais importante do que nunca.

Uma ferramenta que pode ajudar muitos profissionais é o famoso *networking*, pois a "rede" é o que conecta profissionais com outros profissionais, estabelecendo relacionamentos. No entanto, algumas pessoas acham que esta opção só serve para vender, quando, na verdade, é uma maneira de ajudar outro profissional ou empresa, o que pode ou não resultar em vendas. Muito se fala do famoso, "boca a boca", a boa e velha recomendação. Eu mesma peço muitas indicações e referências de produtos e serviços. Aconteceu há pouco tempo comigo, pedi à minha rede de contatos indicações de empresas de mudanças para São Paulo, e fiquei satisfeita com o serviço.

A construção de uma rede de relacionamentos é algo que requer habilidade, precisamos estar dispostos a aprender e ajudar o próximo, tendo em vista que somos nós que ganhamos com isso. Nos dias atuais, no famoso mundo VUCA (Volatility, Uncertainty, Complexity e Ambiguity) [volátil, incerto, complexo e ambíguo] e com a interação em redes sociais, se tornou mais fácil grupos se encontrarem para trocar conhecimentos e, consequentemente, se conectarem com pessoas de outras áreas com um propósito comum: compartilhar conhecimento, pedir auxílio para encontrar uma recolocação, construir parcerias ou uma carreira de sucesso.

Hoje o mercado de trabalho está saturado, não basta ter um excelente currículo, fazer faculdades fora do Brasil, ser poliglota, é preciso ter referências. Já ouviu falar no famoso Q.I. (Quem Indica)? Você pode até achar injusto, mas eles asseguram (como um selo de qualidade) uma possibilidade de crescimento profissional e uma recolocação. Mas e aí? Como ser indicado? Construa a sua imagem dentro dos seus relacionamentos.

Segundo a *Right Management*,[3] pesquisas indicam que 70% das contratações são reflexos de um bom *networking*. Então, se *networking* é uma rede de contatos, tem que haver outra pessoa. É uma via de mão dupla, um ajuda o outro.

Mas onde fazer o networking?

O melhor lugar para se criar uma rede é em qualquer lugar. Começa na família, passa pelos amigos, chega à escola, faculdade, no banco, na praia, no trabalho, em aplicativos, até mesmo na fila do pão, por que não?

É no dia a dia, na interação com pessoas que as conhecemos, portanto é importante que o profissional não ache que não poderá criar um *networking* genuíno entre desconhecidos. Eu, por exemplo, já passei por isso. Em um evento em que conhecia só uma pessoa, fui apresentada a um desconhecido que me convidou para palestrar no seu evento.

Em reuniões como essas podemos descobrir excelentes oportunidades de negócios/parcerias, mas elas dependem de um relacionamento, das conexões que criamos e, na sequência, de um magnífico *networking*. Costumo observar que muitas pessoas desperdiçam chances de criar um *networking* no lugar onde já estão, convivendo no dia a dia com você. Eu já consegui duas oportunidades de emprego através do meu bom desempenho, além das minhas indicações também darem certo e serem contratadas.

---

3. "O que é e como fazer *networking* profissional?". meuSucesso.com, 23 abr. 2014. Disponível em: <https://meusucesso.com/artigos/pessoas/networking-profissional-25/>. Acesso em: 14 jan. 2022.

Capítulo 1

Teoria dos seis graus de separação

Esta teoria foi criada em 1929 pelo escritor húngaro Frigyes Karinthy no livro *Tudo é diferente*. Para o autor, os avanços na comunicação e nos transportes fariam com que, apesar das distâncias entre as pessoas, os círculos sociais ficassem cada vez maiores.

Ele demonstra que cada indivíduo no mundo está a seis graus de qualquer pessoa, ou seja, seria no máximo seis laços de amizade para você chegar em quem deseja conhecer, como, por exemplo, o presidente dos Estados Unidos.

Relacionamentos profissionais

Costumamos associar uma relação a um vínculo afetivo. Na área profissional, o relacionamento está mais ligado a um nível racional do que emocional. Você passa mais ou menos 40 horas por semana com pessoas que não têm nenhum parentesco com você e que algumas delas sequer são suas amigas.

Os relacionamentos no âmbito profissional também devem ser levados em conta, pois eles são essenciais para que uma pessoa realize o seu trabalho e esteja feliz. A maneira com a qual se relaciona com o seu líder, seus pares e parceiros de negócios, tem grande impacto positivo. Quanto mais concretizada essas relações estiverem, mais prazeroso o seu ambiente de trabalho será e, principalmente, saber como acrescentar valor à vida delas, desenvolvê-las e para que, no futuro, sejam líderes de sucesso.

Um relacionamento saudável, independentemente do ambiente em que você vive, promove o bem-estar e mantém o convívio mais agradável. Afinal, o bom relacionamento é essencial para todos nós, já que somos socialmente dependentes, como afirmam algumas abordagens da psicologia.

"É impossível ser feliz sozinho"

Os autores de *Superconnectors*[4] são os criadores da *Art of Selectivity* (em português, "arte da seletividade"), que consiste na habilidade de entender quais são as conexões mais relevantes para o crescimento pessoal e, assim, definir uma estratégia para perpetuar. Eles acreditam que o *networking* não só é ineficaz para criar conexões reais, como não se adéqua ao atual mercado de trabalho. Os autores sabem da importância da construção de relacionamentos – não "rede de contatos" e a necessidade de manter este vínculo.

Expressar curiosidade em relação ao outro também é muito importante, isso demonstra que você se interessa por ele. Demonstre pequenas delicadezas, como uma mensagem desejando melhoras para um colega que não se sentia bem ou até mesmo se disponibilize para ajudar e pratique a gratidão. Na verdade, lembrar de agradecer pequenas atitudes dos seus colegas, faz com que se sintam importantes, além de fortalecer esta conexão.

O ideal é manifestar este interesse genuíno, fazer perguntas e se mostrar disponível para solicitar ou oferecer ajuda, mas não se esqueça que o tempo é essencial para sustentar qualquer tipo de relacionamento e fortalecer a confiança irá se fortalecer. Mantenha-se sempre aberto e comunicativo. É imprescindível dialogar, a comunicação é fundamental para conhecer mais profundamente um ao outro e chegar a um denominador comum para ambos.

Tipos de relacionamentos

Estamos sempre tentando compreender a forma como nos relacionamos. Na psicologia existem cinco tipos de relacionamentos:

---

4. GERBER, Scott; PAUGH, Ryan. Superconnector: Stop *networking* and start building business relationships that matter. New York: Da Capo Lifelong Books, 2018.

Capítulo 1

1. Competitivo/controlador
2. Ativo/passivo
3. Agressivo/acomodado
4. Vidas desconectadas/paralelas
5. Aceitação/equilibrado

Competitivo/controlador

Existe uma rivalidade sobre o que é o melhor, quem ganha mais? Os argumentos se transformam em confrontos de autoridade.

Ativo/passivo

Somente um dos parceiros é essencialmente responsável por tudo o que acontece e o outro sabe que existe. Um brilha mais do que o outro, tem mais iniciativa e corre atrás do que almeja.

Agressivo/acomodado

A diferença de poder não é baseada no cuidado, mas na força bruta, podendo haver com frequência abuso emocional e até mesmo físico.

Aceitação/equilibrado

Ambos conseguem trabalhar em equipe, eles se complementam, estão dispostos a crescerem juntos e ajudarem um ao outro para alcançarem o mesmo objetivo.

Freud explica

Freud já dizia, "o homem é um ser de falta". Isso quer dizer que, por natureza, o homem sempre busca mais alguma coisa, algo que ele não possui.

"É impossível ser feliz sozinho"

Não obstante possamos conscientemente sentir um genuíno amor em um relacionamento seja com um amigo, sócio, cônjuge, companheiro, pais etc.

Ele acreditava que a mente humana era composta de três elementos: o id, o ego e o superego.

O id é uma parte nata do indivíduo, ou seja, as pessoas nascem com ele. São os nossos desejos, vontades e pulsões primitivas, formado principalmente pelos instintos e desejos orgânicos gerados pelo prazer. É a partir do id que se desenvolve as outras duas partes que constitui a personalidade humana, o ego e o superego.

O ego surge a partir da relação do ser humano com a sua realidade, regulando os seus instintos primitivos (o id) com o ambiente em que vive; ele é responsável pelo equilíbrio da psique. Graças ao ego, a pessoa consegue manter uma estabilidade da sua personalidade, pois ele se desenvolve já nos primeiros anos de vida.

O superego evolui a partir do ego, é a reprodução dos ideais e valores morais e culturais do indivíduo, ele é um "conselheiro" para o ego. Ele começa a se desenvolver a partir do quinto ano de vida e nos primeiros contatos sociais (escola, amigos, passeios).

Resumindo, o id, o ego e o superego são representações da impulsividade, da racionalidade e da moralidade, respectivamente.

Como lidar com as pessoas?

Como em qualquer relacionamento, precisamos ter tato para lidar com as pessoas. Estudei na psicologia que nós temos diversos tipos de personalidades. O grande psiquiatra suíço Carl Jung dizia que "nenhum indivíduo é totalmente introvertido ou extrovertido". Cada indivíduo divide a sua energia entre o mundo externo e interno, em diferentes escalas.

Capítulo 1

Eu sou um exemplo: na minha adolescência eu tinha que pedir aos meus pais para perguntarem em uma loja o preço de uma roupa e hoje falo com todo mundo, ministro cursos, palestras e *workshops*.

Não é difícil lidar com as pessoas, basta aprender como fazê-lo. Segundo o Google, relacionamento é a capacidade de manter relacionamentos, de conviver bem com seus semelhantes. A palavra relacionamento vem da raiz relação, que vem do latim *relatio*. Em latim, *relatio* significa o ato de relatar ou narrar alguma situação, ou de trazer alguma coisa de volta.[5]

Conviver bem? Ah... é complicado, hein?

Acredite, temos que saber como lidar com todo o tipo de pessoas. Trabalhamos, estudamos, nos relacionamos amorosamente, e em cada uma destas áreas conhecemos seres humanos de diferentes personalidades. É claro que meu objetivo aqui não é que você seja um especialista em psicologia, mas quero mostrar que podemos sim manter um clima harmonioso sabendo trabalhar com vários tipos de pessoas.

Nós já vivemos momentos de esgotamento e estresse no trabalho que acabam nos afetando, tanto na área profissional como na maneira que nos relacionamos com a

---

5. Google. Disponível em: <https://www.google.com.br/search?q=o+que+%C3%A9+relacionamento&sxsrf=ALeKk00Rz3ixfIC18yWfDzV4xxIwVXfJKQ%3A1627483561971&ei=-qW0BYbHDOtLT1sQPpLGs0AE&oq=o+que+%C3%A9+relacionamento&gs_lcp=Cgdnd3Mtd2l6EAMyAggAMgIIADICCAAyAggAMgIIADICCAAyCAgAELEDEIMBMgIIADICAAyAggAOgcIIxDqAhAnOgQIIxAnOggILhCxAxCDAToFCAAQsQM6BwgAELEDEEM6BQguELEDOgsILhCxAxDHARCjAjoICC4QxwEQrwE6CwguEMcBEK8TK8BEJMCOgQIABAKOgQILhAKOgoILhDHARCvARAKOgcIABCxAxAKOgQIABBDSgQIQRgAUKbxGlizqxtgrq4baAZwAHgAgAGoAYgB5hqSAQQwLjI2mAEAoAEBqgEHZ3dzLXdperABCsABAQ&sclient=gws-wiz&ved=0ahUKEwjxu9rcgIbyAhXSqZUCHaQYCxoQ4dUDCA8&uact=5>. Acesso em: 14 jan. 2022.

"É impossível ser feliz sozinho"

família, amigos, cônjuges, funcionários, clientes, parceiros, sócios, fornecedores e nossos colegas de trabalho. Além disso, precisamos desenvolver bons relacionamentos para alcançarmos nossos objetivos.

Gostar de pessoas

Para saber lidar com pessoas, tem que gostar delas. Tem muita gente que fala que ama trabalhar com pessoas, mas é um péssimo líder, tóxico no trabalho, gosta de fofocas e se alimenta destes comportamentos. Um líder administra pessoas e equipes, com o objetivo de atingir metas e, consequentemente, ama, tem paixão por pessoas.

Desenvolva a empatia

Empatia é colocar-se no lugar do outro, tentar imaginar como ele se sente e como poderia ajudá-lo, sem julgamentos e sem apontar o dedo para as falhas do outro.

Saiba ouvir

Você conhece uma pessoa em um evento e, no momento de se apresentarem, não deixa espaço para o outro falar, só você falou e perdeu a chance de conhecer o outro. Precisamos nos policiar para ouvir mais e falar menos.

Muitas vezes, as pessoas não querem soluções para os seus problemas, mas sim que exista alguém disposto a ouvi-las, pois normalmente não encontram espaço para se expressarem e mostrarem quem realmente são. Eu, como psicóloga, adoro ouvir as pessoas. Precisamos aprender a ouvir, isso ajuda e muito na nossa melhoria contínua.

Capítulo 1

Quem é você?

Segundo a psicologia, o autoconhecimento significa ter o conhecimento sobre si mesmo. Ele o ajuda a alcançar o que você almeja, porque você sabe o que quer. É possível descobrir suas qualidades, capacidades e os seus pontos de melhoria, além de saber lidar com isso tudo e encontrar as oportunidades para se desenvolver constantemente. O exercício regular desse conceito ainda permite que você compreenda melhor as pessoas a sua volta.

Respeite a diversidade

Evite julgamentos ou prejulgamentos sobre religião, classe social, etnia, opção sexual, enfim, você deixa de enxergar pessoas maravilhosas que podem ajudá-lo em alguma coisa.

Qualquer tipo de relacionamentos tem a sua importância dentro de cada um de nós. Reconheça e respeite todos aqueles que partilham momentos com você, pois cada pessoa oferece uma oportunidade para que aprenda e avance como ser humano melhor.

Busque agradar as pessoas

Quem não gosta de receber um elogio a respeito do trabalho que está desenvolvendo? Ou uma mensagem de melhoras quando seu filho está doente?

Busque algo que você e a outra pessoa tem em comum, agrade ela com alguma coisa que ela goste, além

"É impossível ser feliz sozinho"

disso, esteja sempre disposto a fazer a diferença positivamente na vida dos outros. Faça isso de coração aberto.

Comunicação

Comunicação é uma palavra derivada do termo latino *communicare*, que significa "partilhar, participar algo, tornar comum". Trabalhe sua linguagem verbal (sua fala), além da não verbal (linguagem corporal) para que, assim, as pessoas consigam entender com mais facilidade a sua mensagem.

Faça seu sorriso ser como um remédio

O sorriso, sem dúvida, é um remédio infalível para qualquer mal-estar que você possa estar passando, ele nos fortalece e traz bem-estar.

Não temos dúvidas de que o bom humor conquista as pessoas, e valoriza o ser humano. Digo isso porque você lida com pessoas cheias de dúvidas, incertezas, medos, inseguranças e instabilidades. Sendo assim, qualquer emoção positiva ajuda e você consegue ganhar a confiança das pessoas ao seu redor. É o famoso carisma, que notadamente está marcado pela tentativa de criar simpatia e agradar a maioria, cria uma identidade, uma influência positiva sobre todos.

Os opostos podem fazer negócios, sim!

Você sabia que 80% das pessoas acreditam que essa lógica é verdadeira e faz sentido? Porém, nós tendemos a ficar com quem se parece conosco.

Capítulo 1

Temos curiosidade de conhecer outras áreas de atuação. Você já foi em um evento de empreendedorismo sem ser empreendedor? Ou em um evento de saúde se você é de compras? Você poderá se perguntar o que irá conseguir em um evento destes não sendo de nenhuma área afim. Respondo que muito, oportunidades de negócios, parcerias ou, até mesmo, sua recolocação.

Descubra no que você pode ajudar o outro, especialmente sem receber nada em troca. Tenho certeza de que se sentirá bem e recompensado, porque o que é seu está guardado, já diz o ditado. Não basta ter afinidades nos interesses, se ambos não desejam os mesmos objetivos a serem atingidos. Para manter a relação proveitosa depois de passado o evento, é importante manter sempre o contato.

Mesmo sendo de áreas distintas, procure ajudar, mostrar empatia, cumplicidade e descobrir interesses mútuos. Estes são os principais pilares para um bom relacionamento:

Tenha uma boa comunicação

Comunicação é a base para qualquer tipo de relacionamento, ela promove uma troca de informações entre duas ou mais pessoas. Observe seu tom de voz, linguagem não verbal é importante também, ouça mais e fale menos.

1. **Viva as diferenças**

    Você já deve ter escutado a frase "ninguém é igual a ninguém." Pode ser parecido, mas igual, igualzinho mesmo, não tem. Somos todos únicos e existem mais 7,7 bilhões de pessoas diferentes neste mundo. Somos gordos, magros, malhados, altos, baixos, loiros, morenos, ruivos e tem gente que pinta o cabelo, roxo, azul, verde, vermelho, amarelo, cinza... Gostamos de TV,

"É impossível ser feliz sozinho"

rádio ou somos apaixonados por internet, ou odiamos ela, ouvimos sertanejo, forró, funk, *rap*, samba, pagode etc. Antes de apontar o dedo julgando o gosto da outra pessoa, veja oportunidades de aprender com ela. Viva a diversidade!

2. **Descubram pontos em comum**
   Através destas diferenças você pode encontrar pontos semelhantes ao seu modo de pensar, agir ou falar.

3. **Empatia é sempre bem-vinda**
   Esta é a cereja do bolo. O relacionamento é fundamentado no respeito, cumplicidade, honestidade e no diálogo, o que menos importa é se as pessoas são opostas ou muito parecidas. O importante é que ambos se completem e estejam dispostos a colaborar com o crescimento um do outro.

4. **A primeira impressão é a que fica**
   Os julgamentos iniciais sobre uma pessoa raramente são desfeitos, mesmo que outras informações contradigam sua opinião. O cérebro recebe muitos estímulos e não consegue organizá-los, o que o impede de formar ideias mais elaboradas sobre cada informação destas.
   Saia, conheça e descubra o que você pode agregar com sua experiência, procure contatos relevantes que o ajudem, seja no ambiente de trabalho ou fora dele.

Mas porque precisamos uns dos outros?

Já dizia na Bíblia: "Deus concedeu um dom a cada um, e vocês devem usá-lo para servir uns aos outros, fazendo bom

Capítulo 1

uso da múltipla e variada graça divina" (Pedro, 4:10)[6]. É que o ser humano foi criado para viver em sociedade, é uma questão de sobrevivência.

Deus criou Adão e Eva: "O Senhor Deus achou que não era bom que o homem vivesse sozinho e decidiu arranjar-lhe uma companheira que vivesse com ele" (Gênesis, 2:18).

Ninguém sabe tudo, nós precisamos uns dos outros. Você já ouviu a frase "eu não preciso de ninguém"? Nós precisamos sim! Em uma empresa, por exemplo, somos feitos para trabalhar em equipe, liderar pessoas, solicitar informações.

Não fomos criados para vivermos sozinhos e isolados do mundo. Ninguém consegue viver totalmente sozinho, sem a ajuda de ninguém. Precisamos de amor, de carinho, de cuidado, de auxílio quando estamos aflitos. Enfim, precisamos de pessoas que se preocupam com a gente, além de compartilharmos isso.

Às vezes somos tentados a pensar que somos super-heróis ou super-heroínas. Que sozinhos podemos tudo, mas não é verdade, precisamos uns dos outros, sim.

Vamos imaginar você no metrô lotado indo para o trabalho, um longo caminho para percorrer até a sua chegada. Você está neste metrô sozinho, sem distrações, sem aquelas pessoas falando alto no celular, vendendo balas, fazendo "dancinhas" dentro do vagão, imaginou o tédio? Precisamos de pessoas porque não conseguiremos chegar sozinhos ao nosso destino.

Para Aristóteles, "um ser que não sentisse a necessidade de associar-se seria um Deus ou um animal". Na natureza humana há uma tendência a viver em sociedade e que, ao realizar esta inclinação, o homem realiza o seu próprio bem. Quer dizer, se vivemos em sociedade é porque esta é a finalidade do ser humano.

Todos estamos conectados e precisamos uns dos outros para elevarmos a nossa consciência em direção às coisas po-

---

6. BÍBLIA sagrada: nova versão transformadora. Disponível em: <https://www.bible.com/pt/bible/1930/1PE.4.NVT>. Acesso em: 14 jan. 2022.

"É impossível ser feliz sozinho"

sitivas, e aqueles que se revoltam, ignoram e pensam estarem sozinhos no mundo estão se isolando cada vez mais.

Humildade, educação no tratamento com as pessoas, gratidão, empatia, simpatia, deixar sempre as portas abertas e nunca se achar melhor do que o próximo (porque de fato não se é), talvez sejam algumas chaves para jamais passar aquele aperto inesperado nos dias de escuridão.

Tipos de pessoas que é bom ter por perto e longe também

Você se desvirtualiza (sai do mundo online para o offline) com pessoas que você admira? Com quem você passa mais tempo? Tem procurado elas?

A escolha é sua de ter pessoas perto de você que o encorajem e estimulem, que sejam um incentivo para sua vida. Invista naquelas que acrescentam valor à sua vida. Cerque-se de pessoas motivadas e inspiradoras, isso, consequentemente, vai ajudá-lo emocionalmente, na sua capacidade de aprendizado e a crescer como pessoa.

Mas e aquelas que "fingem" ser seus amigos para ganhar algo por que você é bom no que faz e se destaca? O que fazer então?

Para explicar como distinguir as "pessoas tóxicas" e as que devem ser mantidas perto de você, vou lhe dar algumas dicas em que, em algum momento da minha vida, tive boas e péssimas experiências de relacionamento pessoal.

Precisamos de pessoas motivadas: pela vida, pelo seu trabalho e pelos seus objetivos;

Pessoas que torcem por você: que o estimulam, o inspiram, o motivam, o auxiliam, que acreditam em você;

Capítulo 1

Aquelas que o corrigem: não adianta só passar a mão na sua cabeça, tem que questioná-lo, fazer você pensar melhor e até mesmo criticá-lo. Pode até doer, mas você vai crescer pessoalmente e profissionalmente;

Pessoas inspiradoras: são aquelas que fazem parte da sua vida e são referências para você, que têm uma atitude constante de perseverança e acreditam em si mesmas e em suas possibilidades. Elas mostram para a gente que não devemos parar de lutar, que nunca é tarde para persistir nos nossos objetivos;

Aquelas que são melhores que você: aprendemos com pessoas melhores do que nós (sem que isso nos diminua), e, com certeza, isso nos trará uma energia boa e necessária;

Pessoas que o admiram de forma sincera: aquelas que o admiram e o colocam para cima, mesmo você tendo um dia "daqueles", que se sentem gratas pelo carinho e pelo trabalho que você desenvolve;

Pessoas gratas: andar com pessoas gratas aumentará nosso bem-estar físico e emocional, deixando de lado aquela queixa inútil.

Fique longe de:

Pessoas invejosas: têm inveja, não gostam de você e nem o respeitam, muito menos quando falam: "ahhh, que inveja branca". Inveja é inveja;

E aquelas que se queixam: essas pessoas trazem mais problemas do que soluções, ficam murmurando, são um atraso na sua vida;

Fofoqueiras: são pessoas tóxicas. Quando falarem mal de alguém para você muito cuidado, pois também podem falar mal de você. A fofoca morre quando o ouvido é in-

"É impossível ser feliz sozinho"

teligente, para ali mesmo. Não dê valor às fofocas e muito menos ao fofoqueiro;

Pessoas controladoras: são ciumentas, querem controlar a vida de outras pessoas, padecem ao perder o controle e o justificam como zelo;

Pessoas mentirosas: elas são perigosas porque você nunca saberá se estão dizendo a verdade. Não existe mentira ou mentirinha, é mentira e ponto-final;

Pessoas negativas: atraem sempre coisas ruins. Você se lembra do desenho animado Lippy & Hardy e sua famosa frase "oh céus, oh vida, oh azar, isso não vai dar certo!"? Estas pessoas são um atraso na sua vida, ignore-as e as exclua do seu convívio.

Procure escolher as pessoas certas, mas também não tente escolher muito. Seja seletivo, porém flexível. Valorize virtudes, seja condescendente com os defeitos. Seus e dos outros. Abdique de amores impossíveis ou não correspondidos – ou aprenda, por opção, a conviver com eles.

Tom Coelho
Especialista em gestão de pessoas e negócios

Em resumo, faça um filtro dessas pessoas que você quer ao seu lado. Conforme vamos amadurecendo, começamos a escolher quem deve estar no nosso círculo de amizade, com o passar dos anos, aprendemos a escolher melhor as pessoas. O nosso tempo é curto e precioso, e não vale a pena desperdiçar esse tempo com pessoas que não consideramos especiais para nós.

"Sucesso é escolher as pessoas certas."
Carol Martinelli
Empreendedora do Carol Coxinhas

Capítulo 2

Networking: rede de contatos

Rede de contatos

A rede de contatos é formada pelas pessoas que você conhece e com quem se relaciona. Quando alguém precisar de um auxílio, você pode ajudar e a isso chamamos de "rede de contatos".

Mediante a sua rede de contatos, você fortalece a capacidade de fazer e preservar um bom relacionamento com uma variedade de pessoas. Essa rede será fundamental não só para o sucesso na busca de recolocação, mas também para quem queira expandir seus negócios, conectar-se com grupos da igreja, grupos sociais, organizações de voluntários, amigos antigos da escola e também queira ajudar seus amigos. Para isso, esteja disposto a conhecer novas pessoas.

Capítulo 2

"Unir-se é um bom começo, manter a união é um progresso e trabalhar em conjunto é a vitória."

Henry Ford

O que é networking?

Networking é um termo em inglês (em português, "*net*" é rede e "*work*" é trabalho). Você constrói sua rede de contatos com o objetivo de o ajudar a alcançar os seus propósitos (vender, aumentar sua visibilidade, gerar negócios, parcerias e desenvolver a carreira) e a pessoa do outro lado da rede, tanto comercial quanto profissional, parte do pressuposto de estar fazendo parte de um relacionamento de mão dupla. Já dizia a velha máxima: "Se é bom pra você, também tem que ser bom para minha empresa", o que é denominado "ganha-ganha".

A palavra *networking* começou a se destacar a partir da década de 1990, com a chegada da globalização e por conta da necessidade das pessoas e empresas se relacionarem cada vez mais para fazer negócios. Na prática, fazer *networking* é trocar experiências e conhecimentos com o objetivo de gerar oportunidades e criar soluções para todos.

Já dizia o escritor Jeffrey Gitomer, autor de *O livro negro do networking*:

> **Fazer contatos é mera questão de ser amigável, de ter capacidade para se entrosar e de estar disposto a dar algo de valor primeiro. Quando combinar esses três atributos, terá descoberto o segredo que existe por trás das poderosas conexões que levam a relacionamentos ainda mais valiosos.**[7]

---

7. GITOMER, Jeffrey. *O livro negro do networking*. São Paulo: M. Books, 2007.

Networking: rede de contatos

Não adianta ser capacitado se você não consegue mostrar as suas competências e as qualidades do seu trabalho.

Networking é entregar valor

Os profissionais que você tem na sua rede de contatos são aqueles que têm algo a oferecer a você. Mas o que faz as pessoas quererem ter contato com você? O que elas veem em você? No que você pode contribuir? É importante que seja interessante para as pessoas tê-lo entre seus contatos?

Por isso é tão importante que você tenha sempre algo para agregar a sua rede de contatos, a que ela está ligada diretamente ao que você faz e sabe. Quando você traz valor às pessoas, elas se sentem agradecidas e sempre estão dispostas a ajudá-lo. A reciprocidade não acontece por obrigação, e sim pela sintonia que temos de dar e receber. Ela é a doação, o apoio e a ajuda para que os outros, consequentemente, o ajudem.

Ajude primeiro as outras pessoas, sem esperar algo em troca, aí sim você está se relacionando genuinamente.

Como criar relacionamentos profissionais significativos?

Relacionar-se é necessário para todos, seja no campo afetivo, seja no profissional. E a todo momento estamos fazendo essa troca de informações, experiências e histórias. Algumas pessoas possuem mais facilidade para se relacionarem, consequentemente elas se destacam pela sua boa comunicação, capacidade de persuasão, influência e carisma.

Crie uma lista de dez pessoas que você conhece e que gostaria de conhecer e avalie o nível de proximidade com elas ou com quem pode ajudá-lo a fazer essa ponte, tanto do ponto de vista profissional quanto pessoal. Uma dica de ouro: invista o seu tempo para cultivar essas relações.

Capítulo 2

Onde fazer networking?

Networking, como falamos anteriormente, é uma rede de contatos, que deve ser feita com o objetivo de ajudar as pessoas. Mas onde fazer?

- **Em *workshops*, feiras, eventos e palestras;**
- **No *coworking*;**
- **Virtualmente;**
- **Em festas;**
- **No trabalho;**
- **No aplicativo em que você pede seu transporte;**
- **Em cursos.**

Mais à frente, neste livro, você conhecerá mais situações em que é possível fazer *networking*. Comecei a fazer quando comecei a trabalhar com recursos humanos, relacionando-me com meus clientes internos nas empresas em que atuava, além de eventos e palestras de que participava. Um bom *networking* pressupõe trocas, relacionamentos.

Como criamos relacionamentos mais duradouros?

1. **Seja sincero**
   Expresse curiosidade sincera às pessoas, isso é muito importante, pois os profissionais assim saberão que você tem um interesse genuíno e não interesseiro. Isso pode significar fazer perguntas que mostrem atenção sobre como os outros são, com o que se importam e como trabalham.

2. **Seja você mesmo**
   Não finja ser outra pessoa, construa um relacionamento sincero e não de mentiras.

Networking: rede de contatos

3. **Seja autêntico**
   Crie sua marca pessoal, mostre quem você realmente é, destaque-se pelos seus resultados.

4. **Exerça a humildade e a gratidão**
   Ninguém é um "sabe-tudo", aceite seus erros e dos outros também. Agradeça sempre, a gratidão é um reconhecimento, ela está relacionada aos acontecimentos da vida de uma pessoa.

5. **Autoconhecimento**
   Saiba o que você quer e corra atrás dos seus objetivos.

Networking é para a vida

O que você tem e precisa fazer urgentemente são contatos para o futuro. Seja você mesmo e pratique o *networking* diariamente, naturalmente.

A maioria dos profissionais só se dá conta da importância da rede de contatos quando mais precisa, seja na busca por uma recolocação ou ao fechar negócios. É o momento em que muitos erram. Especialistas são unânimes em rejeitar a ideia de pensar em *networking* apenas quando se precisa de ajuda. De fato, há uma grande distinção entre uma relação interesseira e criar laços com outras pessoas.

Mantenha sempre sua lista atualizada, não se esqueça dela só porque está bem em seus negócios ou no seu emprego. Lembre-se de não usar o *networking* como "muleta" ou para "usar" as pessoas.

Relacionamento interpessoal

Para fazer *networking* de maneira assertiva, você tem que se relacionar com pessoas, claro. E o relacionamento inter-

Capítulo 2

pessoal é uma conexão, relação entre duas ou mais pessoas, podendo ser em um cenário familiar, escolar, entre cônjuges, amigos, parceiros ou colegas de trabalho, enfim, como encaramos as situações nessas relações.

Para Carvalho (2009): "Os seres humanos são essencialmente seres sociais, instintivamente motivados por uma necessidade de se relacionar. É nessa interação que descobrem suas próprias capacidades e as exercitam".[8]

Para Karl Marx (1818-1883), as relações sociais são realizadas através das relações de trabalho, ou seja, pelo que você produz no seu dia a dia: "As relações sociais estão intimamente ligadas às forças produtivas. Adquirindo novas forças produtivas, os homens modificam o seu modo de produção, e modificando o modo de produção, o seu modo de ganhar a vida, modificam também todas as relações sociais".[9]

Já para Max Weber (1864-1920), sociólogo alemão e um dos iniciadores da sociologia que colaborou para os estudos das relações sociais:

> **'[Por] Relação' social entendemos o comportamento mútuo, quanto a seu conteúdo de sentido por uma pluralidade de agentes e que se orienta por essa referência. A relação social consiste, portanto, completa e exclusivamente na probabilidade de que se aja socialmente numa forma indicável (pelo sentido), não importando, por enquanto, em que se baseia essa probabilidade."**[10]

---

8. CARVALHO, Maria do Carmo Nacif de. Relacionamento Interpessoal: como preservar o sujeito coletivo. Rio de Janeiro: LTC, 2009.
9. DIANA, Daniela. Relações sociais. Toda Matéria, 12 dez. 2018. Disponível em: <https://www.todamateria.com.br/relacoes-sociais/>. Acesso em: 14 jan. 2022.
10. WEBER, Max. Economia e sociedade. v. 1. Brasília: Editora UnB, 2012. Disponível em: <https://edisciplinas.usp.br/pluginfile.php/293394/mod_resource/content/1/Weber%2C%20M.%20Conceitos%20sociol%C3%B3gicos%20fundamentais.pdf>. p. 4. Acesso em: 15 jan. 2022.

Networking: rede de contatos

De acordo com Weber, as relações sociais compõem um conjunto de ações sociais entre seus atores, sendo essencial na estrutura da sociedade. Para ele, essas relações são classificadas de duas maneiras: relações sociais comunitárias, com base no afetivo, nos sentimentos e nas relações sociais associativas, mais objetivo, baseado na razão e na fusão de interesses.

Para você ser assertivo nos relacionamentos que irão posicioná-lo na sua área, é preciso ter atenção a alguns pontos:

Escute mais e fale menos: quem escuta mostra o interesse genuíno no que é falado e cria uma comunicação clara e efetiva com os colegas, o que ajuda a fortalecer um bom relacionamento interpessoal no trabalho;

Seja positivo: atitudes positivas são bases importantes para bons relacionamentos, inclusive dentro do ambiente de trabalho. Para isso, desenvolver habilidades como empatia, comunicação efetiva, cooperação e respeito podem contribuir para conexões mais profundas e verdadeiras;

Respeite mais: qualquer ambiente conta com pessoas distintas que podem apresentar pensamentos diferentes e divergência de valores. No ambiente de trabalho, especialmente, é preciso trabalhar para ser tolerante e saber como lidar com a diversidade no trabalho;

Comunique-se: já dizia Abelardo Barbosa, o famoso Chacrinha: "Quem não se comunica se trumbica." A comunicação é muito importante para qualquer relacionamento. No Brasil, um dos especialistas em linguagem corporal, Bruno Santos da Silva, fala também que a comunicação é o primórdio de nossa evolução, estando presente em cada momento de nossa vida. A comunicação não verbal é altamente poderosa, sendo ela que revela as primeiras intenções e as mentiras

Capítulo 2

que são aparentes nas incongruências cognitivas. Apenas 7% de nossa comunicação é verbal, ou seja, por palavras. Os 93% são não verbais, ou seja, por gestos.[11] Então, ela é muito importante para mostrar o que queremos;

Esteja aberto a *feedbacks*: aproveite os relacionamentos para compreender melhor como você é observado, buscando sempre o autoconhecimento e autodesenvolvimento. Isso faz com que melhoremos as nossas relações de trabalho e desenvolvimento profissional;

Respeito: o respeito mútuo auxilia na relação interpessoal, ninguém é igual a ninguém, todos temos defeitos e diferenças, basta lidar com elas.

A importância da comunicação interpessoal

A comunicação interpessoal é a base de toda interação humana, é uma troca, em que as pessoas envolvidas saibam a hora de falar e ouvir. Saber a hora de esperar é muito importante neste momento, o silêncio é respeitável. Quando pensamos em comunicação, a relacionamos somente à escrita ou à falada, mas não, temos outras que nos impulsionam nos nossos relacionamentos para se tornarem duradouros: expressão corporal quanto à escuta, leitura e observação.

A linguagem corporal identifica nosso comportamento, confiança, determinação e simpatia, além de melhorar nosso relacionamento e comunicação com as pessoas. O contato visual, movimento dos braços, postura, expressões faciais vão despertar interesse no outro.

---

11. NASCIMENTO, Márcia Dias. Linguagem do corpo comunicação além das palavras. Administradores.com, 17 abr. 2019. Disponível em: <https://administradores.com.br/artigos/linguagem-do-corpo-comunicacao-alem-das-palavras>. Acesso em: 14 jan. 2022.

Networking: rede de contatos

É através da linguagem que são expressos estes sentimentos de elogios e críticas, estimulando mais a confiança e o respeito e transportando para um relacionamento mais intimista entre as pessoas. Um bom relacionamento cresce quando há confiança, empatia, apreço e equilíbrio.

Crie coragem

A introversão não é obrigatoriamente nenhum impeditivo, tanto na sua carreira, quanto no seu negócio. Mesmo que seja tímido, crie coragem, tenha seu objetivo fixado na mente, porque todo o esforço valerá a pena. Por isso, é imprescindível que em cada oportunidade seja bom pedir licença, cumprimentar e sorrir, assim você ganha a simpatia das pessoas. Aguarde sempre a sua vez de falar e aja com autoconfiança.

Lembra que citei como comecei a ser mais extrovertida com as pessoas? Foi me relacionando com elas, claro, mas eu ouvia mais do que falava, depois comecei a me soltar e me senti à vontade para iniciar as conversas nos eventos, pois a construção de relacionamentos é um processo.

Comece a se socializar informalmente com as pessoas que podem proporcionar uma conexão mais efetiva, pense no que o deixa mais seguro e que seja mais leve para você e convide essas pessoas para um café, *happy hour*, almoço ou jantar, saia da zona de conforto. *Networking* online pode ser um bom início, interaja com as pessoas nas redes sociais, em cursos online, estabeleça objetivos antes da chegada ao evento, abuse dos seus pontos fortes, enfim, interaja.

Marketing pessoal

Relacionamento, em resumo, o *networking*, se define em marketing pessoal, tendo em vista que tem como objetivo a

Capítulo 2

troca de informações e conhecimentos. Suas competências e habilidades farão a diferença, mas o modo que você se apresenta é eficaz para o seu sucesso.

Envolva o seu marketing pessoal, com foco na promoção da autoimagem. Seu nome é a sua marca, como as pessoas lembrarão de você? Se você sair de um evento e as pessoas falarem de você depois, que palavras o definiriam? Afinal, associado ao *networking*, deve-se fazer uso do marketing pessoal.

O marketing pessoal é um conjunto de estratégias que visa acentuar suas características profissionais e pessoais, lembrar de você como você realmente é, sem máscaras e sem mentiras. Ele fortalece a sua imagem e a sua autoridade profissional no mercado de trabalho. É o seu posicionamento em eventos, redes sociais e até mesmo em um curso. Já diz o velho ditado "Quem não é visto, não é lembrado". Sua marca deve estar associada aos seus valores, ao que você acredita, ele é o seu marketing pessoal.

Seguem dicas úteis de marketing pessoal para o seu *networking*:

- **Estabeleça um objetivo;**
- **Exercite o autoconhecimento;**
- **Esteja atento às redes sociais;**
- **Invista no conhecimento contínuo;**
- **Construa uma rede de relacionamentos;**
- **Cuide da postura;**
- **Tenha bom senso ao se vestir;**
- **Seja pontual com seus compromissos e prazos;**
- **Cuide da sua imagem virtual e presencial;**
- **Não misture vida pessoal e profissional;**
- **Saiba se comunicar e se expressar.**

Inteligência emocional

A inteligência emocional é a capacidade de lidarmos com nossas emoções, aprendendo com elas e usando-as ao nosso favor, além de aprender a compreender os sentimentos e comportamentos do outro. Não é só olhar para o nosso próprio umbigo e, sim, para nossa mente.

É um conceito que está relacionado à chamada "inteligência social", termo criado pelo estadunidense Daniel Goleman, jornalista científico dos Estados Unidos. Por doze anos, ele escreveu para o The New York Times, principalmente sobre avanços nos estudos do cérebro e nas ciências comportamentais. Com apenas doze anos de experiência, garantiu duas indicações ao prêmio Pulitzer, um dos maiores reconhecimentos de excelência na área do jornalismo.

Para Daniel Goleman: "Inteligência emocional é a capacidade de identificar os nossos próprios sentimentos e os dos outros, de nos motivarmos e de gerir bem as emoções dentro de nós e nos nossos relacionamentos e, é a grande responsável pelo sucesso e insucesso das pessoas".[12]

No decorrer da vida, em consonância com suas experiências, você vai compreender e administrar as suas próprias emoções e as dos outros, e usar a razão para interpretar a emoção. Daniel Goleman destacou a importância de desenvolver traços emocionais, como a empatia, por exemplo.

Daniel Goleman lista os cinco pilares da Inteligência Emocional (IE):

- **Capacidade de reconhecer as próprias emoções;**
- **Saber lidar com as próprias emoções;**
- **Automotivação;**

---

12. GOLEMAN, Daniel. Inteligência emocional.

Capítulo 2

- **Empatia;**
- **Habilidades sociais.**

Autoconhecimento e inteligência emocional estão interligadas. Elas fazem com que você perceba as suas emoções (e dos outros), raciocine a partir do que dizem as emoções, entenda o que as emoções significam e as gerencie.

Quais as vantagens da IE?

Redução da sua ansiedade e do seu estresse, mais empatia pelo outro, alto poder de decisão, propósitos mais visíveis e palpáveis.

Aprender com as suas próprias emoções frente a inúmeras situações, capacidade de se autogerenciar, agir com sabedoria a tais situações e focar naquilo que realmente é significativo, desenvolve a resiliência, poder de influenciar, aumenta a performance de sua equipe e a estabelecer metas.

Quem é você? Seja autoridade no que realiza

Agora que você já aprendeu sobre marketing pessoal, inteligência emocional e comunicação interpessoal, você se conhece e já sabe o que almeja. Ser autoridade não é se tornar alguém com títulos e premiações, mas sim mostrar que você detém um determinado conhecimento, experiência profissional e de vida também.

Mas como se destacar no mercado, onde muitos profissionais fazem a mesma coisa que eu? Ser referência no que faz, consequentemente lhe traz mais credibilidade dentro de sua especialidade e mais clientes, fãs da sua marca.

Networking: rede de contatos

Autoridade é sinônimo de conquistar a admiração do seu público, também de poder sobre determinada especialidade, e quem tem isso tudo tem mais facilidade e efetividade ao se comunicar com seu público.

Comecei a ser autoridade no meu setor quando, em 2017, passei a entregar valor às minhas redes sociais, mostrar meus resultados, conhecimento na área de recursos humanos, *networking* e comportamento. Não é repentina esta autoridade, é todo um trabalho árduo, mas muito produtivo, pois você ajuda muitas pessoas e assim elas confiam no seu trabalho.

Como eu consegui minha autoridade? Trabalhando todos os dias na minha *persona* (representação do seu cliente ideal). Conecto-me com o meu público dentro das suas experiências já vividas, demonstro empatia, evidencio o que tenho em comum com elas, entendendo e atendendo as necessidades e desejos do meu público. Assim, construí minha marca, meu nome forte, que faz com que as pessoas lembrem de mim e, com isso, estabeleço uma relação de confiança com o meu público e entrego todos os dias conteúdo de qualidade em minha rede.

"Rainha do networking"

Intitularam-me "Rainha do *networking*" por gostar tanto de fazer *networking* e ter um evento relacionado à minha rede de contatos – o "Conecte-se rede de *networking*". No começo, fiquei muito chocada, no bom sentido, mas depois refleti e vi que minha missão foi cumprida, em disseminar o *networking* verdadeiro, com o firme propósito de estabelecer relações. Comecei a ser mais vista, conquistando fãs da minha marca e do meu evento, muitas pessoas acreditam na minha capacidade de construir essa conexão entre as pessoas. Sempre priorizei o meu *networking* colaborativo, uma união, como aquelas correntes do bem, sabe? Ajudar em primeiro lugar, afinal, o *networking* é uma via de mão dupla.

Capítulo 2

Dentre elogios ao meu trabalho, meus amigos me qualificam como mantenedora de grande capacidade de agregar e integrar pessoas, de ajudar e inspirar, de ter simpatia e sorriso fácil, ser carismática, conseguir aumentar rapidamente a minha rede de contatos e a forma que consigo administrar e cultivar estes contatos e possuo a virtude de conseguir extrair o melhor de cada pessoa. Minha capacidade de reunir pessoas, organizar eventos, correr atrás de patrocínios e fazer acontecer, estar sempre ensinando por meio de artigos e publicações e à disposição para ajudar os demais.

Networking online, pode?

Você já parou para pensar que, hoje, podemos fazer tudo pela internet? Mas nada substitui as relações interpessoais, o "olho no olho". Quando não consigo ir a eventos presenciais, participo de *lives*, *webinars*, palestras e cursos de aprimoramento para o meu desenvolvimento profissional, e conheço muitas pessoas nesses eventos online. Trocar conhecimento e se relacionar com pessoas é primordial para qualquer carreira e negócio.

Nessas interações, também demonstre interesse depois dos eventos, promova um senso de valor entre você e o outro, mapeie o perfil que você conheceu e veja no que pode ajudar, de modo a fortalecer os relacionamentos.

E na hora de encontrar um emprego? Não procure seus contatos desesperado pedindo ajuda, construa uma conversa, pergunte como o outro está e o convide para um café. Retome o contato com seus antigos colegas de faculdade, estágio e trabalho. Uma das maiores dúvidas que as pessoas têm na hora H do *networking* é como continuar esse contato. Tenha objetivos comuns, isso cria laços mais duradouros.

Networking: rede de contatos

Hoje em dia existem redes sociais voltadas para estabelecer o contato entre empresas e profissionais, constituindo um relacionamento por meio do *networking*. Um exemplo disso é o LinkedIn, feito principalmente para unificar os perfis profissionais de seus usuários e disponibilizá-los para o mercado. Mais à frente, apresentarei outras redes sociais além desta.

Vou mostrar estratégias para começar e manter o *networking* virtual, que não se difere muito do presencial. A estratégia no online é um pouco diferente porque você não está sentindo a pessoa que está a sua frente, mas, mesmo assim, você terá muita lição de casa para fazer. Será mais puxado, mas valerá a pena.

Muitos grupos fazem encontros corporativos virtuais, assim como quando você utiliza as videoconferências para falar com parentes e amigos que moram longe. Aproveite para debater com colegas de mercado a situação atual e os seus planos para o futuro.

Para você começar a fazer seu *networking* online é preciso estar atento às suas redes sociais: mantenha-as sempre atualizadas, além de incluir seu portfólio, projetos e resultados. Mas não minta, isso pode prejudicar sua reputação na rede. As redes sociais profissionais se interligam para promover encontros profissionais importantes, produtivos e duradouros.

De acordo com a pesquisa realizada pela Robert Half com 651 executivos brasileiros,[13] a porcentagem de brasileiros adeptos ao *networking* virtual já ultrapassou a daqueles que costumam fazer o presencial, na proporção de 83% contra 72%. Quando questionados se deixaram de realizar o *networking* presencial depois de aderirem ao virtual, 19% responderam que sim e 81% disseram que passaram a realizar as duas formas de contato.

---

13. "Networking virtual já supera presencial". Marketing Pessoal.Net.Br. Disponível em: <https://www.marketingpessoal.net.br/networking-virtual-ja-supera-presencial/>. Acesso em: 14 jan. 2022.

Capítulo 2

Resumindo, o *networking*, neste caso, começa no virtual estreitando laços conforme interação, conteúdo nas redes sociais e disponibilidade para ajudar pessoas.

Como tudo na vida, o *networking* também tem regrinhas básicas de etiqueta de como se comportar e o que não fazer na hora de abordar e estreitar sua rede de contatos. São elas:

Ser sufocante: não fique correndo atrás das pessoas, pedindo, pedindo... Um comportamento contínuo indesejável estimula as pessoas a bloqueá-lo e deletá-lo das suas redes;

Ser interesseiro: este eu acho que é o mais importante e o mais perigoso dos itens, pois você mesmo pode dar um tiro no pé, se sabotar.

> *"Networking é arte de ser interessante sem ser interesseiro."*
> **Douglas Diniz**

Não ajudar as pessoas: no início deste capítulo, mencionei que o objetivo do *networking* é de ajudar e depois solicitar ajuda. Esteja disponível para ajudar as pessoas, elas ficarão agradecidas, recompensadas, gratas e, com certeza, irão ajudá-lo no que precisar.

Networking não é amizade, é uma relação puramente profissional: é um engano pensar assim. Quando estreitamos laços de *networking*, criamos um relacionamento, real, sem interesses, adentramos no campo pessoal. Escrevo isso por experiência, já fui convidada para aniversários, chá de bebês, churrascos, eventos pessoais, e isso faz com que você tenha ainda mais conexão com o outro;

Esquecer os contatos e nomes das pessoas: isso é péssimo. Esquecer o nome das pessoas dá a sensação de que você

Networking: rede de contatos

não se importou com elas (mais uma no seu caderninho), que houve um desinteresse. Pior ainda é chamá-las pelo nome errado. Esquecer o contato, então, é um total desdém com seu potencial *networker*;

Pensar só em você: evite focar somente nas suas necessidades e demonstre mais atenção com os outros. Nunca se esqueça de que uma rede de contatos se trata de transformar relações que sejam positivas para duas ou mais pessoas;

Conversar com pessoas que já conhece: quanto mais conexões próximas, maior a chance de você demonstrar interesse pelos outros profissionais, ou seja, mantenha *networking* com o máximo de pessoas que conseguir;

Não seja "puxa-saco": esta atitude não é nada assertiva para ambas as partes, isso demonstra uma atitude falsa; como foi dito aqui, o *networking* é construído e baseado na honestidade. Seja você mesmo;

Reclamações, críticas, fofocas: isso só o afasta das pessoas, evite falar mal do mercado, do seu emprego. Construa relações leves, agradáveis e converse sobre assuntos interessantes para todos.

Networking e QI são a mesma coisa?

O QI garante a sua participação em um processo seletivo, normalmente são amigos ou colegas de trabalho de empresas anteriores, por isso é bom manter sempre a "porta aberta" das empresas onde você se desligou.

O *networking* já é uma ação, esforço, atuação e estratégia. Você vai conquistar tudo isso pela sua dedicação e construção de um relacionamento genuíno. Claro que você não vai esperar sentado por um contato chegar até você, né?

Capítulo 2

Em resumo, não confunda QI com *networking*, são movimentos completamente diferentes.

Comunicação

A comunicação é a troca de informações entre duas ou mais pessoas, sendo formada pela linguagem verbal e/ou não verbal.

Comunicação verbal é aquela linguagem falada ou escrita. Você sabia que temos mais de sete mil idiomas no mundo? Ela não é somente o que dizemos, o seu tom de voz e o volume com que fala tem um peso incrível na sua comunicação, demonstrando o seu estado.

Comunicação não verbal, como a própria expressão diz, é a que ocorre sem o uso de palavras, pode ser o tom de voz, a sua expressão corporal. Essa linguagem possui características mais universais, como, um sinal de trânsito, por exemplo, que tem os mesmos significados tanto aqui no Brasil, como nos Estados Unidos ou na França.

O professor doutor em psicologia Albert Mehrabian, nos artigos "Decodificação de comunicações inconsistentes" e "Inferência de atitudes da comunicação não verbal em dois canais",[14] verificou que os três V's (verbal, vocal e visual) levaram a uma equação de suma importância de cada um destes fatores na linguagem corporal.

- **5% é ação (gestos) ao transmitir a mensagem, ou seja, linguagem corporal;**
- **38% é forma do seu tom, volume da voz, velocidade da fala, como entrega a mensagem;**
- **7% é a linguagem verbal.**

---

14. MEHRABIAN, Albert. The double-edgemessage. Silent Messages. Califórnia: Wadsworth Publishing Company Inc., 1971.

Networking: rede de contatos

Linguagem corporal e suas expressões

Quando estamos realizando um *networking* presencial, o contato visual é de extrema importância. Observe a linguagem verbal e não verbal das pessoas. Ela é importante para mantermos contato com o receptor da mensagem. O seu estudo começou no século XIX, mas foi uma das primeiras formas de comunicação criadas pelo ser humano há milhares de anos.

Os gestos e a nossa postura dizem muito sobre nós, por exemplo, nas minhas entrevistas, quando atuava com recrutamento e seleção, eu utilizava muito a linguagem corporal para analisar o candidato. Uma situação bem comum é o candidato cruzar as mãos, o que passa a mensagem de que ele está fechado para determinado assunto que está sendo tratado.

O inglês Charles Darwin foi um dos primeiros cientistas a estudar a linguagem corporal em animais e a documentou no seu livro *A expressão das emoções em homens e animais* (1872). Por exemplo, os chimpanzés e os seres humanos demonstram o que sentem por meio de seus gestos e expressões faciais.

> *"... os jovens e os velhos de raças muito diferentes, tanto com homens como animais, expressam o mesmo estado de espírito com os mesmos movimentos."*[15]
>
> **Charles Darwin**

A americana Amy Joy Casselberry Cuddy é psicóloga social, professora da Universidade de Harvard, palestrante

---

15. PEASE, Allan; PEASE, Barbara. Desvendando os segredos da linguagem corporal. Rio de Janeiro: Sextante, 2005.

Capítulo 2

e autora do livro *O poder da presença*. Ela conta como a aplicação da postura do poder pode influenciar os outros a alcançar seus objetivos. "A nossa postura diz muito sobre a sensação de poder que temos ou não", defende a psicóloga e professora da Universidade de Harvard, durante palestra no HSM, em São Paulo.

Allan e Barbara Pease, explicam que o nosso corpo fala. Se estamos tristes ou felizes, o corpo mostra ao receptor o nosso estado emocional, por isso, nosso corpo é um reflexo do nosso inconsciente, que controla nossas emoções: "O segredo da leitura da linguagem corporal está na capacidade de captar o estado emocional de uma pessoa escutando o que ela diz e observando seus gestos e suas atitudes."

Há certas ações do nosso corpo que nem percebemos que estamos passando uma imagem errada sobre nós.

Expressões faciais

Você é aquela pessoa que não sabe fingir não gostar de alguém quando está no mesmo ambiente que ela? Pois as expressões faciais dizem muito sobre a gente, elas transmitem nossas emoções e nossos sentimentos.

Para o *neuromarketing*, as expressões faciais são muito importantes, pois nos auxiliam a decifrar o que o nosso cliente está sentindo.

Você sabia...

- **Que o sorriso faz bem para a saúde, estimula o sistema imunológico? Mas cuidado, sem exageros;**
- **Olho no olho: passe confiança para seu interlocutor, transmitir interesse é a ligação entre você e seu cliente;**

Networking: rede de contatos

- Postura ereta e cabeça erguida nas interações;
- Aperto de mão sempre firme com a mão espalmada demonstra sinceridade e abertura;
- Desviar o olhar durante a interação pode demonstrar mentira ou insegurança;
- Os braços cruzados são extremamente negativos, mostra que você não está aberto aos negócios, amizades e até mesmo ao *networking*;
- Mãos na cintura durante a conversa representam agressividade, muito cuidado;
- Olhos baixos é sinal de desmotivação;
- Pés e pernas agitados demonstram ansiedade ou impaciência;
- Mexer nos cabelos toda hora demonstra insegurança, nervosismo e timidez;
- Fale em um tom de voz médio, mantendo o equilíbrio;
- Gesticule com as mãos mantendo a coerência com a linguagem verbal.

Seguindo todas essas dicas, você estará pronto para construir sua rede de contatos.

Capítulo 3

Plante e cuide de sua semente

Relacionamentos

Como vimos no capítulo anterior, o *networking* é um relacionamento construído entre duas ou mais pessoas, podendo existir um objetivo comercial, de parcerias ou de busca de emprego. É muito importante que as pessoas se identifiquem com o seu trabalho para que você possa ajudá-las. É imprescindível que você mantenha sua rede de relacionamentos aquecida, cultive os relacionamentos, pois, ao longo do tempo, podem se transformar em uma linda amizade.

Cultivar vem do latim cultura "ato de plantar e desenvolver plantas, atividades agrícolas".[16] As plantas precisam de água (contato com as pes-

---

16. CULTIVAR. Origem da palavra. Disponível em: <https://origem-dapalavra.com.br/palavras/cultivar/>. Acesso em: 14 jan. 2022.

Capítulo 3

soas) para sobreviverem e crescerem fortes, o que ajuda na absorção dos nutrientes da terra e na realização da fotossíntese (a conseguirem chegar ao seu objetivo).

Aprenda a confiar, é impossível conviver com alguém que desconfia o tempo todo de tudo o que você faz. Relacionamento é respeito também, respeite o tempo e o espaço das pessoas e tenha um tempo para as trocas de conhecimento. Uma pessoa que tem um amigo para tomar um café, conversar sobre assuntos pessoais ou até para buscar um consolo, possui certa segurança e aumenta a sua capacidade de ser resiliente.

Fotossíntese

Cultive e cuide dos seus relacionamentos. Lembro-me da aula de ciências da minha professora Lara, no quinto ano do ensino fundamental, em que ela dizia que a fotossíntese é um processo de cultivo, relacionamento entre você e a planta, pois se não cuidarmos da planta, ela morre.

A fotossíntese é o processo realizado pelas plantas para produzir a energia necessária para que sejam capazes de se manterem vivas. É a produção de alimentos para a própria planta. Para acontecer esse processo, ela retira o gás carbônico do ar e, da mesma forma, usa a energia solar.

Além de produzir o alimento, ela efetua um papel muito importante para o meio ambiente, a limpeza do nosso ar. A produção de oxigênio é a fotossíntese realizada por todas as plantas. A fotossíntese é um meio em que as plantas transformam água e gás carbônico na presença de luz e clorofila em compostos orgânicos bem mais intensos e oxigênio.

Depois daquela aula, fiquei pensando nos relacionamentos, e ela tinha razão. Nada mais, nada menos o *networking* também é um processo de fotossíntese, em que utilizamos

Plante e cuide de sua semente

vários elementos (nosso relacionamento) para que a planta cresça e germine. São etapas que também temos no *networking*, quanto mais interação com aquela pessoa, mais cuidado com ela, tenho certeza de que nascerá uma linda amizade (planta) por meio desse relacionamento.

"A gente planta, a gente colhe"

Eu sempre ouvi esse ditado aqui em casa, minha mãe sempre me dizia: "o que a gente planta, a gente colhe". E aprendi logo cedo que é a mais pura verdade, não só quando plantamos aquele feijão com algodão quando crianças, mas também pelo lado pessoal e profissional. Acredito que quando plantamos com amor, colhemos frutos deliciosos, e com adubo, remédio e paciência salvamos plantas doentes que seriam jogadas fora.

Com certeza, você já escutou: "Muito cuidado! Quem planta, colhe! Você plantou coisas ruins, vai colher coisas desagradáveis!", ou "O mundo gira!". Estas duas frases remetem à lei do retorno, cada ação nossa, consequentemente, gera um resultado contra ou a favor.

A lei do retorno está diretamente ligada às relações humanas, na biologia de nossa criação, além de estar intimamente relacionada aos estudos de causa e efeito e de ação e reação. Na psicologia, podemos mensurar a lei do retorno através do *rapport*, que é a identificação/relacionamento entre duas ou mais pessoas. Outra coisa que observo é quando dou um "bom dia" para um morador aqui no prédio que está emburrado: esse ato muda completamente a sua feição.

Já na física, a lei do retorno pode ser associada às leis de Newton, bem como à sua terceira lei, sobre os fenômenos da ação e reação, que ele caracteriza e utiliza também para a gravidade.

Capítulo 3

Isso também está no livro de Gênesis, na Bíblia, com Adão e Eva. Eles tinham a opção de obedecer ou não a Deus, mas sua escolha poderia trazer enormes consequências. E você também tem o poder de escolher entre o certo e o errado, o chamado livre-arbítrio.

O que tem a ver o *networking* com plantio, semente? Tudo! É fundamental adubar o solo, fornecendo os nutrientes necessários à formação sadia da planta, ou seja, você deve cuidar do seu *networking*, não esquecer de perguntar como seu contato está, no que você pode ajudar, convidar para tomar um cafezinho para se aproximar mais etc.

Você já ouviu isso com certeza: "Devemos nos dedicar à nossa carreira e ao nosso trabalho para que possamos ser felizes, pois o que desejamos é que o dinheiro possa comprar." Mas você acredita nisso?

No decorrer da vida, convivemos com pessoas que irão influenciar, de alguma forma, nossa trajetória. Pode ser no trabalho, na escola, na faculdade, em relacionamentos amorosos ou na família, é importante saber se relacionar com diferentes tipos de pessoas e cultivar boas relações. Mais do que uma questão social, vai ajudá-lo a abrir portas e conhecer pessoas que podem ajudá-lo.

> *"A lei da colheita é colher mais do que se planta. Plante um ato e colherá um hábito. Plante um hábito e colherá um caráter. Plante um caráter e colherá um destino."*[17]
>
> **James Allen**

---

17. "Você colhe aquilo que planta. Concorda?", Toluna Influencers, out. 2017. Disponível em: <https://br.toluna.com/opinions/3548539/Voc%C3%AA-colhe-aquilo-que-planta.-Concorda>. Acesso em: 14 jan. 2022.

Plante e cuide de sua semente

Observe bem o que está plantando, nós construímos nossa vida e reconhecemos o valor do nosso esforço, sacrifício e vontade. Colher sucessos nem sempre é doce, existem os *haters*, pessoas invejosas que torcem pelo seu mal, e a melhor maneira de lidar com isso é ter foco, esquecer essas pessoas que não merecem nem o seu pensamento. A única forma de você realizar seus sonhos é determinar suas metas, sair de sua zona de conforto.

Oportunidade x oportunismo

É a lei da vida, já tivemos oportunidades que nunca acreditamos que receberíamos algum dia, e, com certeza, você já teve a experiência de conhecer um oportunista. Sabe aquelas pessoas que falam: "Eu nasci em berço de ouro, tenho tudo que eu quero."? A oportunidade é igual ao jogo do Pac-man, quando aparece uma frutinha, se você não for rápido perde a oportunidade de ganhar pontos. O fato é que você tem que saber diferenciar oportunidades de oportunismo para não cair em uma cilada.

O oportunismo é o lobo em pele de cordeiro, usa uma falsa simpatia para conquistar as pessoas ao seu redor, com o objetivo de conseguir para si mesmo vantagens usando os outros. Essas pessoas tentam enganar os demais para conseguirem o que querem, sem se importar com a ética. A Bíblia tem um ensinamento sobre isso: "Cuidado com os falsos profetas. Eles chegam disfarçados de ovelhas, mas por dentro são lobos devoradores. Vocês os conhecerão pelo que eles fazem. Os espinheiros não dão uvas, e os pés de urtiga não dão figos". (Mateus, 7:15-16).

Quem nunca passou por isso? Quando estava me desenvolvendo e aparecendo mais nas redes sociais, algumas pessoas tentaram sabotar um projeto meu ou copiar até mesmo

Capítulo 3

meus *posts*. No *networking*, temos também isso, a pessoa se aproxima para ser sua amiga, "tenta ajudar", mas você é apunhalado pelas costas. São aprendizados que temos durante a vida, não temos só os "cordeiros", temos também o lobo que quer tirar algo de você, fácil, sem nenhum esforço.

Fico realmente triste como algumas pessoas que têm distorcido o conceito de *networking* falam que estão ampliando sua rede de contatos, quando, na verdade, essa falsa afinidade é nada mais nada menos que puro interesse. Como vou saber se estou lidando com um oportunista ou com uma oportunidade? Tenho algumas dicas:

1. **Seja grato diariamente;**
2. **Siga sua intuição;**
3. **Construa relações sinceras e saudáveis;**
4. **Não procure as pessoas só quando está precisando;**
5. **Ajude as pessoas de bom coração. Mostre a sua disponibilidade em ajudar os outros com conselhos, dicas e indicações sem querer nada em troca;**
6. **Qualidade é melhor que quantidade;**
7. **"Quando a esmola é demais, o santo desconfia". Não confie demais na sua rede de contatos;**
8. **Não dê todo o seu "ouro", toda a sua experiência.**

Esteja bem para fazer o bem

A psicologia positiva estuda os pensamentos, sentimentos e comportamentos humanos focando no seu potencial, nas motivações e capacidades para a satisfação pessoal e profissional, de modo a cultivar relacionamentos sadios, estar engajado fazendo aquilo que lhe é prazeroso, e, princi-

Plante e cuide de sua semente

palmente, identificar o propósito de vida. Uma pessoa que mantém bons relacionamentos ganha muito com a interação e o apoio de outras pessoas, ter alguém para 'cuidar' e sentir-se 'cuidado', assim como dividir a vida, eventos, trabalho, pensamentos e sentimentos, para terem experiências bem-sucedidas.

Martin Seligman, criador da psicologia positiva, é um renomado psicólogo e professor da Universidade da Pensilvânia e ex-presidente da Associação Americana de Psicologia. Ele alega a prática da mente para o reforço de forças e virtudes, mostrando assim as ideias de resiliência, por exemplo, que é a capacidade de se adaptar a situações difíceis e enfrentar de maneira assertiva.

Esteja satisfeito com suas necessidades básicas e o que a vida lhe proporciona, esteja alegre por isso e agradeça sempre. Isso vai ajudar não apenas a aproveitar mais o momento atual, mas também a afastar a ansiedade do futuro e os tormentos do passado.

O autor desenvolveu a teoria do bem-estar: PERMA, os elementos de uma vida feliz.

- *Positive Emotion* **(Emoção Positiva);**
- *Engagement* **(Engajamento);**
- *Relationship* **(Relacionamentos);**
- *Meaning* **(Propósito);**
- *Accomplishment* **(Realizações).**

Emoção positiva: o próprio nome já diz: uma pessoa que é infeliz consegue atingir seus objetivos? Não, por isso, para atingir nossas metas, precisamos estar felizes. Essas emoções nos possibilitam sermos mais otimistas e conquistar nosso bem-estar, satisfação, entusiasmo, motivação e felicidade;

Capítulo 3

Engajamento: como está sua dedicação para o que você realmente quer? O engajamento está representado por um estado de atenção completamente focado. Um exemplo é quando você gosta tanto do seu trabalho que o tempo passou mais rápido do que você imaginava. São atividades prazerosas que você faz quase sem sentir. É importante saber quais são os seus talentos, diferenciais, esforços e as qualidades que se destacam. Deixe bem claro ao seu consciente e inconsciente quais são as tarefas que o fazem feliz e produtivo.

*"Não é a felicidade que nos torna gratos.
É a gratidão que nos torna felizes."*

Martin Seligman
Frase do Pai da Psicologia Positiva

Relacionamentos: em qualquer situação nos relacionamos com pessoas, seja na padaria, no banco, no aplicativo de carro, trabalho, eventos, palestras ou festas. E, a partir daí, podemos cultivar um relacionamento. Construir estas afinidades leva um tempo com comprometimento, confiança, respeito e colaboração de ambas as partes, é o famoso ganha-ganha. Quando estamos em um evento, por exemplo, conseguimos ampliar a nossa visão em muitos aspectos. O mesmo acontece quando dividimos o nosso conhecimento para ajudar pessoas ao nosso redor a crescerem e se tornarem melhores.

Propósito: o propósito é aquilo que nos dá sentido, nosso objetivo é o que nos preenche. Quando não sabemos no que podemos ser úteis, ficamos desanimados, perdidos e até mesmo somatizados, ou seja, ficamos doentes por algo que não está fazendo bem. Não perca tempo, a vida é curta para ficarmos parados. Posso até me citar

Plante e cuide de sua semente

como exemplo, eu me encontrei ajudando as pessoas em sua busca por emprego; ajudar me faz bem, me torna completa e cheia de felicidade.

Realizações: "Sonhar não custa nada" já dizia uma letra de um samba do Rio de Janeiro, mas para que seu sonho vire realidade, precisamos buscar como conseguir atingi-lo. Crie metas e objetivos claros para alcançarmos o que realmente queremos para nossa vida.

Que outros autores da psicologia humanista falam sobre relacionamento?

Carl Rogers

Carl Rogers (1902-1987), psicólogo norte-americano, foi o pioneiro da psicologia humanista, sua abordagem era centrada na pessoa. Ele sinaliza o desenvolvimento por meio das nossas atitudes e demonstra claramente que a nossa personalidade se torna notória em relacionamentos com outras pessoas, experiências emocionais objetivas, compreensão de vivências passadas, da ação entre os processos conscientes e inconscientes e do entendimento das nossas crenças.

Rogers não usava a palavra empatia diretamente, mas era possível perceber o aparecimento desse conceito em seus trabalhos, como ao defender a compreensão dos problemas do cliente, sem julgamento, sem preconceito e sem identificação emocional descontrolada, por exemplo.

De acordo com Rogers: "Colocar-se de lado desta forma para penetrar no mundo alheio, somente é possível para alguém que tenha autoconfiança o bastante

Capítulo 3

para não se perder no que poderá surgir de estranho ou bizarro naquele outro mundo, e voltar a si mesmo confortavelmente sempre que desejar..."

Ainda de acordo com ele: "Ser empático é ver o mundo através dos olhos do outro e não ver o mundo refletido nos olhos deles".[18]

Self, para Rogers, é a definição que a pessoa tem de si mesma, baseada em experiências passadas, estímulos presentes e expectativas futuras. *Self* é um contínuo processo de reconhecimento. Ele destaca muito a capacidade de mudança e a flexibilidade que são conceitos que se apoiam na sua teoria e sua crença de que as pessoas são capazes de crescimento, transformação e evolução pessoal.

Contudo, a personalidade saudável é aquela que está mais completamente consciente do *self* constante.

Abraham Maslow

Abraham Maslow nasceu no Brooklyn, Nova Iorque, Estados Unidos, no dia 1 de abril de 1908. Sua infância não foi nada fácil, pois ele foi vítima de discriminação. Talvez isso o motivou a estudar a mente humana. Ele é um dos mais importantes estudiosos na história da psicologia, considerado o pai da psicologia humanista. Segundo ele, "se você planeja ser qualquer coisa menos do que aquilo que você é capaz, provavelmente você será infeliz todos os dias de sua vida".[19]

---

18. As sete melhores frases de Carl Rogers. A mente é maravilhosa, 20 dez. 2017. Disponível em: https://amenteemaravilhosa.com.br/7-melhores-frases-de-carl-rogers/. Acesso em: 15 jan. 2022.
19. OLIVEIRA, Tatiana de. O que te motiva? A pirâmide de Maslow explica. Novo Rumo, 3 mar. 2016. Disponível em: <http://www.novorumo.com.br/portal/o-que-te-motiva-a-piramide-de-maslow-explica/>. Acesso em: 14 jan. 2022.

Plante e cuide de sua semente

Maslow criou uma teoria denominada hierarquia de necessidades de Maslow, uma série de cinco necessidades, e a mais conhecida sobre as motivações humanas para satisfazer as carências profissionais e pessoais, conforme indicado na pirâmide a seguir:

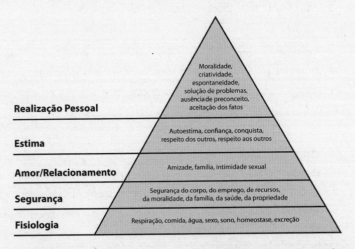

Adaptado pela autora de Wikipédia.[20]

Necessidades fisiológicas: são a base, precisamos destes elementos para o nosso organismo funcionar;

Segurança: como o próprio nome diz, é como ter um emprego para sentirmos segurança financeira;

Amor/relacionamento: necessidade de sermos amados e de se relacionar com outras pessoas;

Estima: sentir-se bem consigo mesmo, ser reconhecido pelas suas qualidades próprias além de ter o respeito por elas;

---

20. Hierarquia de necessidades de Maslow. Wikipédia, a enciclopédia livre. Disponível em: <https://pt.wikipedia.org/wiki/Hierarquia_de_necessidades_de_Maslow>. Acesso em: 14 jan. 2021.

Capítulo 3

Realização profissional: é aquela que é construída durante um tempo até o seu reconhecimento, em que a pessoa alcança a sua felicidade por meio de suas competências.

Networking: como cuidar destes relacionamentos

Para cultivarmos relações cada vez mais saudáveis, mantenha os canais de comunicação bem abertos, conecte-se sempre que possível, nem que seja para dar um bom-dia, o outro vai lembrar sempre de você.

Confie no outro: a base de qualquer relacionamento é a confiança. Não significa que só porque uma pessoa já o decepcionou, outras pessoas também não são dignas de sua confiança. Já aconteceu muito comigo, nós caímos, levantamos e aprendemos;

As pessoas são diferentes: nós convivemos com pessoas de diversas personalidades e temos que lidar com isso. Seria tão chato um mundo de Andréas, imagina ter no mundo pessoas iguais a você? Nós não aprenderíamos nada uns com os outros;

Não leve tudo para o lado pessoal: imagina se relacionar com alguém que se ofende o tempo todo, que parece que está sempre desconfiado e perde o controle muito rápido. Acredite no seu taco, não deixe que qualquer problema mude o seu humor;

Saiba perdoar: como dizia Gandhi, "O fraco jamais perdoa, o perdão é uma das características do forte." Um pequeno desentendimento pode virar uma mágoa para sempre, quanto mais rápido você perdoar, melhor até

Plante e cuide de sua semente

mesmo para a sua saúde física e mental. Lembre-se de que os nossos relacionamentos são um grande aprendizado para a vida;

Demonstre sempre a gratidão: gratidão é reconhecer que a vida é um presente, estarmos vivos já é uma bênção. Faz bem começar o dia agradecendo;

Seja tolerante: não julgue para não ser julgado, seja compreensivo e aceite que cada um tem seu jeito de ser.

Relações humanizadas deixam a nossa vida mais saudável

Em alguns momentos da minha vida profissional em recursos humanos, escutei muito esta frase: "Humanizar o quê? Por acaso não somos humanos?"

O termo humanização surgiu na primeira década do século XXI. No dicionário online Dicio,[21] humanizar significa:

> **Atribuir caráter humano a; conceder ou possuir condição humana (a narrativa humanizava os psicopatas; algumas entidades espirituais se humanizam na figura do ser humano). Tornar-se benéfico; fazer com que seja tolerável; humanizar-se (humanizar um ofício, uma doutrina; o governo humanizou-se quando ouviu o povo). Tornar-se civilizado; atribuir sociabilidade a; civilizar-se (humanizar uma pessoa incivil; o Papa se humanizou através do convívio com os fiéis).**

---

21. HUMANIZAR. Dicio: dicionário online de português. Disponível em: <https://www.dicio.com.br/humanizar/>. Acesso em: 15 jan. 2022.

Capítulo 3

O Humanismo busca compreender o homem e criar meios de um compreender o outro, é a filosofia moral que posiciona os humanos como o centro do mundo, é a valorização da figura humana de todos os assuntos que dizem respeito à nossa realidade e formas de relações entre as pessoas.

Este termo é mais forte nas organizações, pois é um dos seus principais diferenciais competitivos. O desenvolvimento comportamental, somado à humanização, interferem diretamente no desenvolvimento e desempenho do colaborador.

No campo da psicanálise, a humanização significa reconhecer todos os aspectos humanos — históricos, sociais, artísticos, subjetivos, sagrados ou nefastos — e proporcionar escolhas conscientes e responsáveis.

Humanizar as relações de trabalho significa entender o outro, respeitar suas necessidades e o acolher quando necessário, pensar mais nas pessoas do que nas máquinas. Um ponto a ser destacado é o bem-estar organizacional, se o colaborador tiver problemas de saúde, sejam eles relacionados ao trabalho ou não, tem sua produtividade limitada, podendo estar propenso a acidentes de trabalho, ou seja, quanto maior o cuidado com o bem-estar do funcionário melhor a produtividade, afastando qualquer problema para a empresa.

Que ações as empresas podem fazer para a humanização das relações e o bem-estar organizacional andarem juntas?

1. **Invista no desenvolvimento dos seus colaboradores:** se eles sabem que a empresa tem um plano de carreira, tenho certeza de que ficarão mais tempo nela, evitando o *turnover*;
2. **Já ouviu o velho ditado "A voz do povo é a voz de Deus"?:** Os seus colaboradores sabem muito mais o que acontece na empresa do que você, por ficarem oito horas, ou mais, diariamente em sua empresa;

Plante e cuide de sua semente

3. **Ofereça um pacote de benefícios atrativos:** qualidade de vida é tudo que esperamos dentro de uma organização, tanto para os colaboradores quanto aos seus familiares. Lembre-se, quanto mais saudáveis, mais produtivos e satisfeitos eles serão;
4. **Conceda melhores práticas de trabalho:** a qualidade dos maquinários e as condições de trabalho também influenciam muito no desempenho e na satisfação dos funcionários;
5. **Melhoria no clima organizacional:** um clima organizacional saudável ajuda a comunicação interpessoal e a realização das metas.

Relacionamentos saudáveis

Como vimos anteriormente, o relacionamento mais humanizado aproxima as pessoas. Cuide das amizades que você conquistou ao longo de sua vida, deixe as portas abertas, mas também cultive uma atividade saudável para o seu corpo e sua mente. Marcar um churrasco ou uma viagem com amigos, por exemplo, traz diversos benefícios para a sua vida. Relações positivas são gestos de respeito a nós mesmos e ao outro, quando nos preenchem e nos completam.

Quando você tem um relacionamento, você aprende mais, se comporta como parte de uma equipe, não como um indivíduo. Você tem mais compreensão e aceitação do outro.

Sou um exemplo vivo, sempre quis cultivar meus relacionamentos de forma mais saudável e, para isso, temos que ter empatia, se colocar no lugar do outro. No ensino médio, eu era a mais popular das olimpíadas do colégio, focava sempre na equipe e se alguém se "estranhava", eu era a ponte para eliminar atritos no nosso time. Conforme fui crescendo, essas re-

Capítulo 3

lações ficaram mais fortes em mim, e hoje tenho contato com algumas pessoas que estudaram comigo, porque eu não deixei esse relacionamento esfriar.

Nas empresas em que trabalhei não foi diferente, eu sempre quis manter um relacionamento saudável com a equipe e meus clientes internos. Um ambiente harmonioso gera frutos e flores que serão levados para a vida.

E nas redes sociais? Nem se fala, conectando com várias pessoas conhecidas ou não, até porque existe uma troca muito saudável pela Internet. Começando lá atrás no Orkut, chegando hoje ao Facebook, Instagram, Twitter e LinkedIn. Em todas elas, podemos extrair muitas coisas boas, informações e contatos importantes. Mais à frente vamos falar mais sobre isso.

Precisamos desenvolver e promover relações saudáveis em qualquer lugar ou momento da nossa vida. Ter uma comunicação assertiva, capacidade de resolução de problemas e ajudar sempre o próximo são alguns pilares muito importantes para uma relação saudável.

Quando você está em um relacionamento saudável aprende coisas novas, se sente parte de uma equipe, e não um ser solitário. Você compreende e aceita mais o outro, em vez de se decepcionar com ele.

Concentre-se em atividades de lazer que você goste. Grupos de corrida, voluntariado, cursos e palestras são boas formas de conectar-se a um propósito comum. Ouça mais, nunca compare os seus problemas, dê atenção ao problema do outro.

Para termos relacionamentos saudáveis precisamos:

Pedir desculpa e perdoar: somos humanos e erramos sempre, não fique chateado porque seu parceiro não entendeu o que você quis dizer, até porque você poderá agir da mesma forma, preste atenção quanto esse assunto é impor-

Plante e cuide de sua semente

tante. Desentendimentos só se tornam problemas se você os deixar virar uma bola de neve, a resolução do problema é bem mais fácil do que parece;

Confiar: neste capítulo, ressalto muito a questão da confiança, ela é como uma taça de vinho, quando se quebra nunca mais é restaurada;

Aprender: em um relacionamento, ambos se estimulam a crescer e mudar;

Respeitar: o respeito pelo outro é obrigatório. Não precisa estar de acordo em tudo, até porque você tem as suas ideias e as suas escolhas e vice-versa. Cada um tem o seu próprio jeito de ser e de pensar, e todos se respeitam;

Ter o nosso próprio espaço, metas e sonhos: compartilhe isso com seus amigos, quem sabe até eles o impulsionam para alcançar alguma meta?;

Ter uma boa comunicação: uma comunicação clara e transparente é a melhor solução para um relacionamento harmonioso;

Cultivar a relação: as relações precisam ser cuidadas. Requer tempo, dedicação e um pouco de engenho quando se tornam aborrecidas. Saia da rotina com ideias novas. Não esqueça de fazer a outra pessoa se sentir bem, demonstre amor e afeto, escute e apoie. Isso deve ser feito pelos dois, ambos devem dar e receber;

Apoiarem-se: cumplicidade, amizade e companheirismo são ingredientes fundamentais para termos uma relação saudável. Aquele que vibra e torce por você está sendo realmente um apoiador dos seus sonhos;

Cultivar a relação: as relações devem ser cuidadas com amor e respeito;

Capítulo 3

Compartilhar os projetos de vida: faça isso com a sua rede de contatos que você tem mais afinidade;

Trabalhar em equipe: essa atitude estimula a nossa criatividade e você aprende com outras pessoas;

Admitir suas fraquezas: todos nós somos falhos, somos humanos; admitir alguma fraqueza não é humilhante, mas sim pode mostrar ao outro no que ele talvez possa ajudar você.

Resiliência

> *"Quem tem um 'porquê' enfrenta qualquer 'como'."*
> **Viktor Frankl**

Para as pessoas, a resiliência é a capacidade de se adaptar ou até mesmo progredir após períodos de adversidade. Para a psicologia, ser resiliente é ser capaz de superar as dificuldades, lidando com as pedras no caminho e tomando as experiências negativas em um grande aprendizado. Em resumo, a resiliência é a capacidade de adaptação, flexibilidade e habilidade de manter-se estruturado perante situações incômodas, ruins; ela pode ajudá-lo a superar seus desafios.

Vencedor do Prêmio Nobel da Paz em 1993, Nelson Mandela é um dos exemplos da resiliência humana. Mesmo após 27 anos preso numa cela muito pequena, sem espaço para se locomover e sem poder ver a sua família por décadas, Mandela, em nenhum momento, demonstrou ódio ou desejo de vingança quando foi libertado, sempre apresentou-se sereno em seus discursos para todos os povos. Segundo ele, "ninguém nasce odiando outra pessoa pela cor de sua pele, ou o seu passado, ou sua religião. As pessoas aprendem a odiar, e se podem aprender a odiar, podem ser ensinadas a amar,

Plante e cuide de sua semente

pois o amor chega mais naturalmente ao coração humano do que o seu oposto".[22]

Outro exemplo foi o físico Stephen Hawking e a sua luta contra uma doença grave diagnosticada aos 21 anos, a esclerose lateral amiotrófica que, aos poucos, vai consumindo e paralisando todos os músculos do corpo da pessoa. Nem essa doença o impediu de continuar a trabalhar e, inclusive, de participar de algumas séries de televisão e filmes.

Hawking tinha tudo para viver isolado do mundo, mas o astrofísico é um grande exemplo de resiliência por ter superado muito bem todas essas adversidades e nunca ter deixado de trabalhar.

Vamos às dicas para você trabalhar a sua resiliência:

1. **Aprenda as lições boas e ruins;**
2. **Flexibilidade;**
3. **Seja positivo sempre;**
4. **Acredite em si mesmo;**
5. **Sorria;**
6. **Saiba qual é o seu propósito de vida;**
7. **Exercite a gratidão;**
8. **Conecte-se com outras pessoas;**
9. **Peça ajuda quando for necessário;**
10. **Identifique as suas fraquezas e forças.**

---

[22] GOMES, Regina Maria Faria. Nelson Mandela: direitos humanos e psicologia, Psicoviver. Disponível em: <https://www.psicoviver.com/artigos/nelson-mandela-direitos-humanos-e-psicologia/>. Acesso em: 15 jan. 2022.

Capítulo 4

Você e as redes sociais[23]

O surgimento das redes sociais

A sociedade da informação está sempre a constituir-se, e nela são amplamente utilizadas tecnologias de armazenamento e transmissão de dados e informação de baixo custo. Essa generalização da utilização da informação e dos dados é acompanhada por inovações organizacionais, comerciais, sociais e jurídicas que alteraram profundamente o modo de vida tanto no mundo do trabalho como na sociedade em geral. No futuro, poderão existir modelos diferentes de sociedade da informação, tal como hoje existem diferentes modelos de sociedades

---

23. Nota: os números e dados apontados neste capítulo foram apurados em 2019, não considerando a explosão digital ocorrida no período da pandemia.

Capítulo 4

industrializadas. Esses modelos podem divergir na medida em que evitam a exclusão social e criam oportunidades para os desfavorecidos. A importância da dimensão social caracteriza o modelo europeu. Esse modelo deverá também estar imbuído de uma forte ética de solidariedade.

A mera disponibilização crescente da informação não basta para caracterizar uma sociedade da informação. De acordo com Hugo Assmann, professor e doutor em Teologia, com ênfase em Filosofia da Educação, "O mais importante é o desencadeamento de um vasto e continuado processo de aprendizagem".[24] A internet surgiu nos anos 1960, na época da Guerra Fria, nos Estados Unidos. O departamento de defesa americano pretendia criar uma rede de comunicação de computadores em pontos estratégicos. A intenção era descentralizar informações valiosas de forma que não fossem destruídas por bombardeios se estivessem localizadas em um único servidor.

Assim, a Advanced Research Projects Agency (ARPA), uma das subdivisões do departamento, criou uma rede conhecida por ARPANET, ligada por um *backbone* ("espinha dorsal", isto é, estruturas de rede capazes de manipular grandes volumes de informações) que passava por debaixo da terra, o que dificultava sua destruição. O acesso à ARPANET era restrito a militares e pesquisadores, demorou para chegar ao público em geral, pois temiam o mau uso da tecnologia por civis e países não-aliados. No Brasil, a conexão de computadores por uma rede somente era possível para fins estatais. Em 1991, a comunidade acadêmica brasileira conseguiu, por meio do Ministério da Ciência e Tecnologia, acesso a redes de pesquisas internacionais.

Em maio de 1995, a rede foi aberta para fins comerciais, ficando a cargo da iniciativa privada a exploração dos serviços. Hoje, para conectar seu computador, o usuário paga os serviços de um provedor de acesso ou tem uma conexão direta.

---

24. ASSAMAN, Hugo. Reencantar a educação: rumo à sociedade aprendente. 4.ed. Petrópolis: Vozes, 2000.

Você e as redes sociais

O fenômeno internet difere dos outros meios de comunicação conhecidos até agora, pois a postura do receptor no rádio e na televisão é meramente passiva, enquanto em relação à internet o receptor participa selecionando e emitindo informações.

Há várias maneiras de trocar e obter informações na internet, dentre as quais: *world wide web* (www), mecanismos de busca, e-mail (correio eletrônico), *peer-to-peer*, Internet Relay Chat (IRC), VoIP (voz sobre IP), listas de discussão, bate-papos e mensagens instantâneas. A própria rede, por sua vez, é acessada por diversos meios, caracterizando o típico exemplo de convergência tecnológica, da facilitação no processo de troca de comunicação.

A internet está presente em computadores, celulares, *palms* e diferentes aparelhos multifuncionais. Ela nos possibilitou ampliar a capacidade de leitura (também estimulando novas leituras), ajudou-nos a multiplicar e encontrar novas e variadas informações, resolver problemas e, sem dúvida, nos fez adquirir competências cada vez mais exigidas no mercado de trabalho.

Redes sociais são facilitadores que conectam pessoas, que compartilham dos mesmos valores ou interesses e que interagem entre si. Essas conexões são feitas a partir de reuniões, encontros virtuais, compartilhamento de ideias e/ou informações. Com a criação das mídias sociais, esse conceito se transformou no que conhecemos como aprendizado, estudando, vendendo o seu produto ou serviço, desde a troca de mensagens até mesmo a busca por vagas de emprego. Milhares de pessoas utilizam todos os dias essas redes sociais.

O *marketing digital* se dá por estratégias de conteúdo e anúncios em redes sociais e diferentes plataformas, como o Google. Ele é feito por meio de estratégias que as agências ou profissionais de marketing produzem pensando no seu público (persona: cliente ideal de um negócio) que irá receber aquele anúncio. Normalmente, se faz um estudo mais elaborado para descobrir quem mais utiliza as redes sociais e assim o marke-

Capítulo 4

ting consegue desenvolver uma campanha mais focada para o seu público. Hoje existem mais de 3 bilhões de usuários de internet, sendo que mais de 2 bilhões deles possuem contas de redes sociais ativas.

O site SixDegrees, criado em 1997, foi classificado como a primeira rede social do mundo e ficou na internet até 2001. Em 1999, os primeiros *blogs* surgiram e começaram a tomar mais espaço.

Em 2003, surgiu o LinkedIn. O Flickr, em 2004, começou a compartilhar fotos online. Também em 2004, Mark Zuckerberg lançou o Facebook, o gigante das redes sociais, que atualmente possui 127 milhões de usuários mensais no Brasil. O Orkut acabou em 2014, mas era também uma rede social muito utilizada pelos brasileiros.

O YouTube surgiu em 2005 e essa plataforma de vídeos possibilitou um caminho para as pessoas se comunicarem e compartilharem seus conteúdos. O Twitter foi criado em 2006 por Jack Dorsey, Biz Stone, Noah Glass e Evan Williams; possibilitando aos seus usuários que enviem "tweets" de até 280 caracteres.

Depois de 2007, outras redes sociais surgiram, como Instagram (2010), Google + (2011), Foursquare (2009), Pinterest (2010) e Spotify (2008), segmentadas para determinados nichos. Fundada em 2016, o TikTok já conta com mais de 1,5 bilhões de usuários ativos mensalmente, com seus vídeos engraçados e desafios é uma febre hoje em dia entre jovens e adultos.

Mídias sociais e redes sociais

As mídias sociais são instrumentos ou meios de comunicação, assim como revistas, jornais e o rádio, ou seja, são ferramentas que usamos para compartilhar conteúdos e mensagens, é um relacionamento de mão dupla entre a empresa e o seu cliente. Podemos citar o YouTube, Twitter, Flickr, Vimeo e Slideshare como mídias sociais. O propósito

Você e as redes sociais

delas é a produção, divulgação e compartilhamento de conteúdo, que permitam essa troca com o seu público.

As redes sociais são mais direcionadas para o relacionamento entre pessoas, por meio de troca de mensagens, comentários e grupos. O propósito delas é propiciar as relações sociais entre as pessoas que dividem os mesmos interesses, experiências ou ainda se comunicam com suas conexões do dia a dia. São também redes sociais o Facebook e o LinkedIn.

Como fazer networking nas redes sociais?

As redes sociais vêm ganhando cada vez mais espaço entre os brasileiros, principalmente entre crianças, estudantes e profissionais, e esse contato com elas vai determinar o tipo de relacionamento que você cultiva dentro de sua rede. Para você construir um *networking* é preciso ter um objetivo, iniciativa e bom senso, claro. Com a quantidade maior de pessoas interagindo, crescem as possibilidades de relacionamento presencial, e a busca de fazer mais *networking*, desvirtualizando com as mesmas.

Com o fácil acesso às redes sociais, as pessoas recebem inúmeros convites de conexão no LinkedIn e Instagram, por exemplo. Mas quantas delas de fato, você conhece? É válido lembrar que dentro do *networking* e das redes sociais não serão "quantidades" que irão vender mais seu produto ou serviço, mas sim a "qualidade" com que você se relaciona com as suas conexões. O fato é que os seus relacionamentos influenciam no momento de alguém lhe solicitar indicações, contratações de produtos ou serviços, por isso é tão importante cultivá-los.

A rede social funciona como um conjunto de dados profissionais online, nela é possível incluir informações importantes sobre o seu perfil, como fotos de trabalhos realizados, congressos e eventos de que participou, certificados de cursos, prêmios recebidos e lugares que já conheceu.

Capítulo 4

Para começar a conhecer novos contatos, é necessário estar com seu perfil completo e atualizado, com foto, informações sobre você e o que está oferecendo, além de estar disponível para fazer contato. Para que isso faça sentido, é necessário entregar conteúdo a esses contatos, que gerarão debates sadios e troca de conhecimentos.

Como citado no primeiro capítulo, o marketing pessoal deve ser considerado o primeiro passo para a construção do *networking*. Ao identificar sua marca pessoal, você notará que o relacionamento pessoal presencial ficará bem mais natural e será mais fácil construir um diálogo, que servirá como um "quebra-gelo".

O *networking* pode começar com os seus colegas de trabalho, eventos, cafés, palestras, cursos e até mesmo nas conversas informais; um *happy hour*, por exemplo, é uma oportunidade para conhecer mais pessoas. Nunca se esqueça de que cada conversa é uma chance de você ampliar o seu *networking* profissional. É importante que você o faça!

Outras abordagens para você utilizar são as *lives* e transmissões ao vivo, em que você interage em tempo real com as pessoas. Esteja em *lives* de profissionais conhecidos, faça perguntas inteligentes e oportunas sobre o tema, algo que contribua para a discussão. Dessa forma, você chamará a atenção não só do interlocutor, mas também dos participantes que estão acompanhando a transmissão.

Siga e faça comentários inteligentes (que agreguem mais informações à publicação), não saia "metralhando" para chamar a atenção, escolha profissionais que possam ajudá-lo. Além disso, fotos, *stories*, publicações e a escrita de artigos e *tweets* mantém um relacionamento mais humanizado à sua rede. Todas essas ferramentas são maneiras de aumentar a rede de *networking* profissional e de mostrar o seu potencial.

Nunca se esqueça de que o *networking* tem seus degraus de relacionamento, não é porque você conheceu uma pessoa hoje que não dará a devida atenção, pelo contrário,

Você e as redes sociais

esteja disponível para ela, ajude e compartilhe seus conhecimentos, pois o verdadeiro fim da sua rede de contatos é o relacionamento pessoal. O reflexo da sua atuação online sobre os seus relacionamentos presenciais trará muitos frutos, se feitos positivamente.

Rede social	Usuários ativos
1. Facebook	2,23 bi
2. YouTube	1,9 bi
3. WhatsApp	1,5 bi
4. Facebook Messenger	1,3 bi
5. WBXIN/WeChat	1,06 bi
6. Instagram	1 bi
7. QQ	861 mi
8. QZone	632 mi
9. TikTok	1,5 bi
10. Reddit	330 mi
11. Twitter	335 mi
12. LinkedIn	690 mi
13. BaiduTieba	300 mi
14. Skype	40 mi
15. Snapchat	255 mi
16. Viber	260 mi
17. Pinterest	250 mi
18. Line	203 mi
19. Telegram	200 mi

Fonte: VOLPATO, Bruno. Ranking: as redes sociais mais usadas no Brasil e no mundo em 2021, com insights e materiais gratuitos. **Resultados Digitais**, 24 ago. 2021. Disponível em: <https://resultadosdigitais.com.br/blog/redes-sociais-mais-usadas-no-brasil/>. Acesso em: 15 jan. 2022.

Outra pesquisa que podemos destacar que traz dados interessantes acerca do número de usuários de redes sociais no Brasil é a que destacamos a seguir:

Capítulo 4

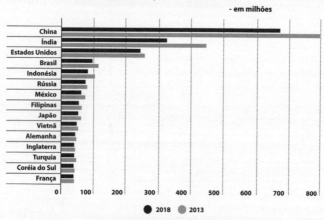

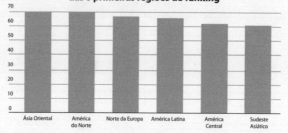

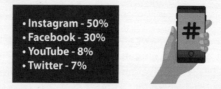

Fonte: Statista e Ecommerce na Prática - Cuponation

Adaptado pela autora.

Fonte: Usuários de redes sociais crescerão em mais de 20% no Brasil até final de 2023. E-Commerce Brasil, 20 fev. 2020. Disponível em: <https://www.ecommercebrasil.com.br/noticias/usuarios-de-redes-sociais-crescerao-em-mais-de-20-no-brasil-ate-final--de-2023/>. Acesso em: 16 jan. 2022.

Você e as redes sociais

De acordo com o site RD Digitais,[25] vamos às redes TOP 10 dos brasileiros:

1. YouTube

A missão do YouTube é dar a todos uma voz e revelar o mundo. Ele traz muitas informações muito importantes para o seu aprendizado, conhecimentos, liberdade de expressão, uma grande influência na educação, enfim, você pode se divertir e aprender muito sobre esta rede social. O Facebook perdeu sua hegemonia em 2019, são mais de dois bilhões de usuários, é quase um terço da internet, de acordo com o YouTube. Segundo o aplicativo, "acreditamos que todos têm o direito de expressar opiniões e que o mundo se torna melhor quando ouvimos, compartilhamos e nos unimos por meio das nossas histórias".

2. Facebook

O Facebook é uma rede social bem eclética, pode ser usada para gerar negócios, conhecer pessoas, encontrar e se comunicar com amigos de infância, de escola, falar com seus familiares etc. Ele possui atualmente em torno de 127 milhões de usuários (de acordo com o Canaltech[26]).

3. WhatsApp

O WhatsApp, vulgo zap, é a rede social de mensagens instantâneas mais amada entre os brasileiros. É muito utilizado para dividir de informações em grupos de amigos, trabalho, vagas, interesses a conversas com amigos e familiares. Além de ter duas funções interessantes, chamada de vídeo e de voz, pode-

---

25. VOLPATO, Bruno. Ranking: as redes sociais mais usadas no Brasil e no mundo em 2021, com insights e materiais gratuitos. Resultados Digitais, 24 ago. 2021. Disponível em: <https://resultadosdigitais.com.br/blog/redes-sociais-mais-usadas-no-brasil/>. Acesso em: 15 jan. 2022.
26. FERREIRA, Carlos Dias. Facebook chega a 127 milhões de usuários mensais no Brasil. Canaltech, 19 jul. 2018. Disponível em: <https://canaltech.com.br/redes-sociais/facebook-chega-a-127-milhoes-de-usuarios-mensais-no-brasil-118358/>. Acesso em: 16 jan. 2022.

Capítulo 4

mos fazer transações bancárias através do aplicativo, sendo o Brasil o primeiro país a ser escolhido para tal funcionalidade. Os usuários conseguem enviar dinheiro com segurança ou fazer uma compra em uma empresa local sem sair do bate-papo e videoconferência com até oito participantes. Foi calculado que 89% dos internautas brasileiros estão no WhatsApp. [27]

4. Instagram

O Instagram foi comprado pelo Facebook em 2012. É uma rede social bastante popular no Brasil, permitindo postar, curtir e compartilhar fotos, *stories*, *lives* e vídeos. Ela se aproxima cada vez mais das pessoas, humaniza a marca para quem quer vender.

Hoje você pode fazer sua *live* e salvar no IGTV, que é um aplicativo separado do *app* do Instagram, voltada exclusivamente para vídeos.

5. TikTok

Está dentre as redes sociais mais usadas no Brasil por adolescentes, celebridades, humoristas – profissionais ou não – e empresas. Em 2023, foi o refúgio para muita gente relaxar, dar algumas risadas, se emocionar e, claro, dançar.

6. Facebook Messenger

O Messenger é um aplicativo de bate-papo entre as pessoas, sendo que o seu download é separado do Facebook.

7. LinkedIn

É a maior rede social profissional digital, onde você se conecta com pessoas que podem ajudá-lo a crescer como

---

27. Estudo: 89% dos brasileiros usam WhatsApp; Telegram cresce e SMS segue em queda. Canaltech, 22 mar. 2016. Disponível em: <https://canaltech.com.br/apps/estudo-89-dos-brasileiros-usam-whatsapp-telegram-cresce-e-sms-segue-em-queda-60365/>. Acesso em: 16 jan. 2022.

Você e as redes sociais

profissional. Para quem está entrando no mundo do empreendedorismo, esta rede social ajuda a crescer. Além de vender dentro dela, pode-se criar até mesmo uma *company page*.

No LinkedIn você não vai ver figurinhas fofas, fotos de família ou de viagens, lá o foco é totalmente profissional. Essa rede nos possibilita ingressar em grupos de interesses, áreas de atuação, curtir empresas de que gostamos (*likes*) e admiramos. As consultorias de recrutamento de profissionais e empresas do gênero a utilizam muito para contratar profissionais, além de fomentar a troca de experiências profissionais, conteúdos de qualidade, interação entre *posts* e artigos.

Muitos se enganam ao achar que o LinkedIn é apenas uma plataforma em que você inclui seu currículo online, ele é uma plataforma de muito conteúdo e interação com seu público.

São mais de 690 milhões de usuários no mundo, no Brasil são 50 milhões e 2 novos usuários por minuto, de acordo com Milton Beck, Senior Director do LinkedIn América Latina.[28]

É uma excelente rede social para você fazer o seu *networking*, trocar informações e fazer muitas parcerias. Sou exemplo disso, em 2017 estava com 3.850 conexões, atualmente, estou no limite de conexões, com 30 mil, e com mais de 330 mil seguidores. Há mais de três anos interagindo com minha rede, obtive excelentes resultados, além de ser convidada para ministrar palestras; contribuir para matérias de jornais; participar de *podcasts*; ser colunista do aplicativo Mulheres Positivas, que cria vídeos para o desenvolvimento das mulheres, do Marketing de Gentileza, da Top Voice Laíze Damasceno e da revista Capital Econômico; e trabalhando

---

28. BECK, Milton. LinkedIn. Disponível em: <https://www.linkedin.com/posts/miltonbeck_atingimos-a-marca-de-mais-de-50-milh%C3%B5es-de-activity-6828309744906829825-Y3_d>. Acesso em: 15 jan. 2022.

Capítulo 4

como influenciadora de grandes empresas no mercado, como a Interteia Comunicação Estratégica, pós Descomplica, curso Descomplica e ABRH-RJ.

8. Pinterest

É uma rede social de fotos, como um mural. Criatividade, estilo e tendências estão lá, são milhares de temas, como festas, decoração, moda, viagens e casamento. Você ou sua empresa podem construir um conteúdo próprio, criando pastas de imagens ou somente salvando fotos relacionadas ao seu perfil.

9. Skype

Com o Skype, é possível realizar chamadas de vídeo e voz, gravar as chamadas e enviar mensagens pelo *chat* e arquivos. O mundo corporativo utiliza muito para fazer reuniões, tudo gratuitamente.

10. Snapchat

O Snapchat é uma rede social de mensagens instantâneas que possibilita enviar fotos e vídeos. Também possui outros recursos, como o Lenses, que são filtros divertidos para fotos que permitem adicionar efeitos exclusivos para *selfies* e outras imagens. Outra função são os Geofilters, filtros que só podem ser usados em locais específicos do mundo.

Do virtual para o real

Já dizia Louis Armstrong, na linda canção What a Wonderful World, de George Weiss e Robert Thiele, que relacionar-se com as pessoas é amá-las:

Você e as redes sociais

As cores do arco-íris, tão bonitas no céu/
Estão também nos rostos das pessoas que passam/
Vejo amigos apertando as mãos, dizendo: Como vai você?/
Eles realmente estão dizendo: Eu te amo![29]

Quando você começa a interagir com as pessoas nas redes sociais, inicia-se um relacionamento que será constante a partir de agora. Depois de alguns meses, você sente vontade de conhecer aquela pessoa para desvirtualizar (sair do virtual).

Já aconteceu muito isso comigo, a gente interage tanto, gosta tanto do conteúdo daquele profissional, que você quer materializá-lo. O autor do meu prefácio, Marcelo Nóbrega, um importante executivo de RH, é um exemplo de *networking* genuíno. Sempre o acompanhei no LinkedIn e comecei a interagir em seus *posts*. Chegou um momento em que precisávamos nos conhecer, foi em 2018, em um evento de sua antiga empresa, ele me convidou para participar, foi um encontro maravilhoso em que eu pude ver que ele era aquilo tudo que se mostrava nas redes sociais, sem máscaras.

Conhecemos pessoas de diferentes perfis, novas maneiras de enxergar o mundo, nos tornamos pessoas mais criativas ao aprender com outros, formamos grupos que ajudam a fomentar mais conteúdo e nos ajudamos de alguma maneira nesse processo.

É preciso administrar o tempo de comunicação com suas redes de relacionamento. Ainda temos outras redes que são da família, amigos e colegas, que já fazem parte do nosso dia a dia. Quanto às outras redes sociais, seja seletivo, saiba aonde você quer chegar e quais são seus objetivos.

---

29. *The colors of the rainbow, so pretty in the sky*
    Are also on the faces of people going by
    I see friends shaking hands, saying: How do you do?

Capítulo 4

Muito cuidado com comportamentos como manipulação, mentira, intrigas e dissimulação, que são inadmissíveis em um relacionamento e no *networking* não é diferente. *Networking* é algo honesto, justo, sincero, construtivo e feito a quatro mãos, as suas e da sua conexão. É manter relacionamentos saudáveis, que propiciam negócios, parcerias e uma linda amizade. Isso, ainda que não se mencione a palavra, é amor no mundo do *networking*, amor ao próximo.

Como identificar o seu público nas redes sociais?

Certamente, você já ouviu falar de persona, ela definirá um cliente ideal entre aqueles que estão dentro do seu público-alvo. Pelas principais características, hábitos, interesses e faixas de renda podemos encontrar nossa *persona*, conhecida também como *buyer persona* ou *avatar*. O criador do conceito de *persona* foi Alan Cooper, *designer* e programador de *softwares* em 1983.

A diferença entre *persona* e público-alvo é que público-alvo é um grupo de pessoas com características parecidas. É o seu público genérico, visando o seu perfil comportamental, socioeconômico e demográfico. Já a *persona* é um cliente ideal imaginário. Ela vai ser definida a partir de comportamentos e características reais de seus clientes, mais detalhadas. Vamos citar um exemplo de cada um para você saber distingui-los.

Público-alvo: pessoas desempregadas ou insatisfeitas no seu atual trabalho, idade entre 20 a 60 anos, residentes em todo o Brasil, renda mensal acima de 6 salários mínimos.

Persona: Luiz Antônio, 45 anos, mora em São Paulo, adora fazer *networking* e estar com os seus amigos em *happy*

Você e as redes sociais

hour. Está insatisfeito no seu trabalho porque seu chefe não o valoriza, busca outra empresa em que se sinta mais feliz e produtivo.

A principal diferença entre os dois é que o público-alvo apresenta informações amplas e a *persona* detalha mais, formando, assim, o seu cliente perfeito.

Depois que você encontrou o público-alvo e a sua *persona*, mãos à obra. Produza conteúdos relevantes, mostre o que a sua marca faz, mostre resultados, o que há de benefício e por que eles têm que comprar algo novo e relevante. Interação com o público não é só criar um perfil nas redes sociais e abandoná-lo, é preciso alimentá-lo diariamente, interagir com a sua rede, responder os comentários e mensagens no seu privado, acompanhar com atenção. Sua marca precisa estar conectada com as redes sociais, dar atenção ao público, principalmente em redes sociais como Facebook, Instagram, LinkedIn eTwitter, que são as mais conhecidas.

Faça enquetes ou pesquisas com o seu público e pergunte diretamente o que ele tem interesse em saber:

- **Quais mídias e redes sociais ele utiliza com mais regularidade?**
- **Consome podcasts? Quais?**
- **Que tipo de pessoas ou empresas são seus seguidores?**
- **Qual conteúdo consome?**

Quais redes sociais irão impulsionar o seu negócio?

Por meio de sua *company page* nas redes sociais, seus futuros clientes podem fazer contato com sua empresa, seja por mensagens, seja acessando seu *site*, *blog* ou pá-

Capítulo 4

gina comercial. Ela serve para você divulgar produtos e serviços para os clientes, criar *e-books* gratuitos para os seguidores, responder dúvidas, interagir e gerar/criar um reconhecimento da sua marca. Você pode inserir *links* em seus *posts* e perfis, e posteriormente gerar muitos *leads*.

Quais as redes sociais mais focadas para negócios?

Dependendo do seu público, ele pode estar: no Facebook, por ser uma rede social mais popular e a mais utilizada no Brasil; no Instagram, por ter conteúdo curto, objetivo, fotos e vídeos, que podem impulsionar suas vendas, além de patrocinar uma postagem; no YouTube, para consumir *lives*, ou no LinkedIn, a rede mais usada para fins profissionais, focada em criar relacionamentos entre empresas, executivos e colaboradores.

O que seu comportamento nas redes sociais diz sobre você?

As redes sociais, assim como a internet como um todo, têm o seu mundo de flores e de espinhos, palavras de amor, ódio, inveja, alegria, tristeza, debates de futebol, política, receitas, notícias, imagens, humor, ex-namoradas(os) e até mesmo *fake news*. E não hesitamos em fornecer informações sobre nós mesmos, sem pensar quem está lendo nosso perfil.

Os psicólogos sociais entendem que toda publicação representa uma mensagem para o mundo, e estão convencidos de que aqueles que postam muitas fotos sobre a privacidade de um casal, por exemplo, nas redes sociais, se sentem inseguros em seus relacionamentos, é uma demonstração da necessidade de convencer a todos de sua rede de que você é feliz com seu(sua) amado(a). Ou pode ser até mesmo uma provocação para a(o) ex, para os possíveis rivais ou até para

Você e as redes sociais

os amigos. Na realidade, casais felizes não perdem tempo com redes sociais para mostrar ao mundo que são felizes juntos.

Hoje, a comunicação e as pessoas mudaram, você não precisa estar presencialmente em uma reunião de negócios, comprar um produto ou até começar um relacionamento, basta ter uma conta em uma rede social que lá você faz tudo isso.

A transformação digital alterou muito a forma de pensar e agir, mas não estou mencionando apenas às interações entre pessoas, mas também a maneira como nos identificamos com as próprias marcas e empresas. As redes sociais libertaram muitos usuários, que saíram do anonimato.

Cada vez mais, o acesso à tecnologia está prematuro, bebês já passam o dedinho em *tablets* ou celulares dos pais antes de falarem a primeira palavra. E das crianças que ficarem mais "escravas" da tecnologia, vai chegar um ponto de elas não brincarem ou interagirem com outras crianças em parquinhos, por exemplo.

Quem trabalha 8, 9, 10 horas por dia com a internet pode mostrar comportamentos nas redes sociais de estresse e ansiedade, mas nem tudo é ruim. Temos a possibilidade de compartilhar informações em tempo real, expor opiniões, produzir conteúdo, aprender com cursos online, EAD e, ainda, há a vantagem do profissional se comunicar com sua equipe.

Sua segurança nas redes sociais

Imaginem o Facebook, que já ultrapassou 2 bilhões de usuários, quantas pessoas com perfis verdadeiros e falsos existem? As redes sociais se tornaram um meio usado pelos criminosos para atacar suas vítimas, é preciso ter muito cuidado. Os *hackers* entram nas contas de usuários de redes sociais para obter suas informações pessoais, que são vendidas em um mercado paralelo.

Na internet, vírus são utilizados para acessar o computador da vítima e, assim, roubar informações confidenciais ou senhas.

Capítulo 4

O *Phishing* rouba informações usando uma identidade falsa. Quando temos informações pessoais, fotos ou vídeos públicos nas redes sociais, podemos ser vítimas de algum *hacker*.

É importante lembrar que a internet e as redes sociais são espaços públicos para praticarmos nossos direitos civis e individuais, previstos no artigo 5º da Constituição Federal e nos artigos 3º e 7º do Marco Civil da Internet, bem como, mais recentemente, no art. 1º da Lei Geral de Proteção de Dados.[30]

A privacidade é um requisito importante para você se proteger nas redes sociais. A seguir, algumas dicas para você se manter seguro e protegido.

1. **Quando for abrir uma página, posicione seu *mouse* em cima do *link* para saber se o domínio está com o código HTTPS no início do endereço eletrônico;**
2. **Instale um antivírus e sempre o atualize;**
3. **Modifique as configurações de privacidade das suas redes sociais, não deixe suas informações pessoais visíveis;**
4. **Não adicione estranhos, não siga nem aceite contas que não tenham muitas informações e nem fotos no perfil;**
5. **Use *sites* de busca dentro das redes sociais para encontrar informações sobre arquivos ou mensagens considerados suspeitos. Na maioria das redes, é comum que os usuários compartilhem opiniões sobre esses casos;**
6. **Para se proteger de invasões nas redes sociais, utilize senhas seguras com combinações de letras maiúsculas e minúsculas, números e caracteres. Nunca datas de nascimento, apelidos ou senhas de banco;**
7. **Cuidado com as suas postagens, mesmo as de acesso privado. Preste atenção, afinal, as redes sociais têm acesso a essas publicações;**

---

30. Lei nº 13.709, de 14 de agosto de 2018 (DOU, edição 157, 15 de agosto de 2018, p. 59).

Você e as redes sociais

8. Duplo fator: em alguns sites, há a opção de você receber uma senha via celular e inserir o código para confirmar se é mesmo você. No WhatsApp, já acontece muito de *hackers* entrarem em seu aplicativo para pedirem dinheiro. Muito cuidado;
9. Restrinja o acesso às suas informações nas redes sociais, pois quanto mais restrito for, menor será a probabilidade de acesso de pessoas estranhas;
10. Muito cuidado com o "*check-in*", ele pode informar a sua rotina, onde você mora, trabalha, que lugares costuma frequentar etc. Saber se você está em casa ou não é um prato cheio para pessoas mal-intencionadas.

Etiqueta nas redes sociais

As redes sociais se tornaram um meio de comunicação entre pessoas, vender o seu produto, recrutar colaboradores e até mesmo de compras, devido à troca rápida e prática de informações. E ainda há *blogs*, *microblogs* e compartilhamento de vídeos pessoais. Não podemos esquecer das mensagens que estamos passando, uma vez que, em tempos de *social media*, as suas imagens corporativas e pessoais estão na rede. Mas precisamos usar com cautela e moderação, é importante saber o que não fazer nas redes sociais para não criar um efeito reverso, em que a imagem da marca possa ser prejudicada.

Tenha cuidado com informações pessoais: existem pessoas que têm o péssimo hábito de postar tudo da sua vida nas redes sociais, mas lembre-se de que elas não são um diário em que você precisa escrever sobre seus passos e sua intimidade. Como citei, temos de tomar muito cuidado com

Capítulo 4

nossos dados pessoais, eles estão na rede e milhares de pessoas têm acesso a ela;

Não curta páginas e nem escreva mensagens de ódio: vejo muitas mensagens preconceituosas sobre gênero, futebol, política e religião. Esses temas são de caráter pessoal, não se discutem;

Não dê indiretas nem desrespeite os outros: resolva diretamente com a pessoa, publique conteúdo que agregue e não picuinhas;

Agregue valor: as mídias sociais e as redes sociais são canais de comunicação, o que significa que você tem de ser interessante e agregar valor para seus clientes, seguidores e parceiros comerciais e compartilhar o seu conteúdo de forma que o seu público goste ainda mais de você. Quando você oferece valor, percebe que as pessoas o buscam para tirar dúvidas e saber a sua opinião sobre algum tema tratado;

Evite publicar fotos comprometedoras: noto em algumas redes sociais muitas fotos estranhas, como pessoas de biquíni ou sunga em redes sociais, o que não é necessário, pois seu chefe não precisa saber da sua intimidade, por exemplo. Não se esqueça de que muitas empresas, antes de contratar um profissional, analisam as redes sociais. Desmarque aquela foto que seu amigo tirou de vocês, isso pode prejudicá-lo;

Erros gramaticais: dependendo da rede social, você pode falar gírias, escrever "vc", "tb", "vlw", como no Facebook, mas o LinkedIn exige uma linguagem mais cuidadosa e formal. Não precisa escrever palavras difíceis, para falar bonito, mas entregue conteúdo sem assassinar o português;

Não aborde temas polêmicos: infelizmente, existem muitos assuntos delicados, e as redes sociais não são os lugares mais indicados para iniciar uma discussão;

Você e as redes sociais

Publicar conteúdo de outras pessoas: já aconteceu comigo diversas vezes no LinkedIn e costumo ser avisada por meus seguidores por mensagens privadas. Dê sempre crédito à pessoa que escreveu o conteúdo, compartilhe e descreva a sua opinião sobre determinado *post*, sem copiar e colar o conteúdo;

Fique fora de discussões: em algumas redes sociais, já presenciei alguns "barracos" online. São discussões inúteis, que não irão agregar à rede, e aí começam palavras chulas e vulgares. E isso pode se voltar contra você, pois alguns recrutadores e seus chefes estão lá e vão constatar que você está no meio de discussões desnecessárias. Fique longe!

Bloqueie conexões inconvenientes: a eleição de 2018 foi um exemplo bem claro de discussões calorosas sobre em quem as pessoas iriam votar, *posts* agressivos e pessoas perdendo amizades por causa de um voto que é pessoal. Não hesite em excluir ou até mesmo bloquear conexões inconvenientes das suas redes sociais, você não é obrigado a assistir cenas como essa;

Construa relacionamentos: marketing pessoal por meio das mídias e redes sociais são basicamente construção de relacionamentos, sejam eles comerciais ou pessoais. Pela interação com as pessoas, você cria laços que se transformam até em uma linda amizade;

Networking: faça muito *networking* para procurar emprego, buscar parcerias e conhecer novas pessoas com interesses em comum. Crie seu marketing pessoal para que as pessoas se lembrem de você;

Fale de você: mostre o seu dia a dia como profissional, mostrando seu espaço de trabalho, falando do seu dia e de suas experiências vividas. Pessoas querem se relacionar com pessoas, este é um meio de aproximá-las de você;

Capítulo 4

Simpatia e empatia: mostre que você está disponível, que é solícito a alguma demanda, o sorriso alegra a alma e a empatia. Coloque-se no lugar do outro, sem menosprezá-lo;

Escolha qualidade em vez de quantidade: nem todas as redes sociais serão adequadas para o seu negócio e para os seus objetivos; além disso, você precisa administrar as próprias redes. Concentre seus esforços compartilhando conteúdo de qualidade e que resolva seus problemas e de outras pessoas também;

Tenha constância nos seus *posts*: faça um planejamento, tenha um calendário das postagens, programe-se semanalmente. A regularidade fará que seu público espere pelo seu conteúdo na rede;

Crie sua identidade visual: ela é o conjunto de informações usadas pelas empresas, com a finalidade de passar valores, posicionamentos, diferenciais e outros conceitos para o seu público. Lembre-se que a internet é um ambiente simplesmente visual e as redes sociais também.

> *"Nossa missão é dar às pessoas o poder de partilhar e tornar o mundo mais aberto e conectado."*
>
> **Mark Zuckerberg,**
> fundador e CEO do Facebook.[31]

---

31. ORTIZ, Felipe Chibás. Estilo Mark Zuckerberg de administrar (2/2). ABERJE, 24 jul. 2017. Disponível em: <https://www.aberje.com.br/?coluna=estilo-mark-zuckerberg-de-administrar-22>. Acesso em: 16 jan. 2022.

Capítulo 5
Ouça mais e fale menos

Você já deve ter ouvido falar no provérbio chinês bastante conhecido "A palavra é prata e o silêncio é ouro". Se você não souber utilizar a palavra certa, sua fala pode ter várias interpretações, mas se você se mantiver discreto ou conter-se em determinadas situações é melhor ainda. Cultivar o silêncio é imprescindível, pelo menos por alguns minutos por dia.

"O que você deseja expressar deve ser dito de forma clara; sobre o que você não pode falar, é melhor ficar em silêncio."
Ludwig Wittgenstein

Quando devemos falar e quando nos calar?

É muito complicado saber qual é o momento certo de falar e quando devemos ficar em silêncio. "Quem fala muito, erra muito", já dizia a

Capítulo 5

sabedoria popular, e isso é verdade. Falar demais nos expõe, no entanto, não falar também traz consequências. O silêncio deve ser um ato de prudência, de reflexão; em contrapartida, não é aconselhável ficar muito calado por outros motivos, como medo ou confusão.

"Não quero falar sobre isso" diz a voz quando não queremos ouvir a verdade, mas se o seu silêncio está gerando conflitos, podemos dizer que você está mais calado do que o necessário. É muito mais fácil calar do que falar. Calar não demanda esforço, empenho, energia, impulso, não permite nenhum ruído e assim você se fecha para si mesmo e empurra o problema para mais à frente.

O silêncio pode prejudicar alguém. Falar no momento certo e na hora certa é tão importante quanto calar quando necessário. Não é fácil levantar a voz para evitar qualquer injustiça, mas não deixe que o silêncio seja conivente; fale, grite!

A vida às vezes nos leva a construir barreiras para nos protegermos, para nos fecharmos dentro de nós mesmos por um certo medo. Não é aconselhável calar por insegurança ou timidez, você não vai se sentir bem, um dia pode explodir. Saiba reconhecer o momento certo para cada coisa, afinal, o silêncio também pode demonstrar muitos sentimentos.

"O silêncio é o sono que nutre a sabedoria."
Francis Bacon

Estamos vivendo em um mundo tão estressante que ainda não aprendemos a acalmar nossas mentes e abraçar o silêncio. Quem disse que você tem de estar pensando e falando o tempo todo? Quem disse que não é bom ter momentos em que você simplesmente não diz nada? Olhar para o nada, refletir, fazer planos, sonhar, imaginar até mesmo um elefante rosa de bolinhas pretas, lembrar da infância, libertar a imaginação. É um paradoxo, eu sei.

Ouça mais e fale menos

Não use as palavras apenas porque você tem que utilizá-las, use-as porque você realmente tem algo a dizer, porque elas irão iluminar o dia de alguém, até mesmo ajudar ou ensinar com palavras de consolo, gratidão e amizade.

Falar é cura. Quando você quer ajudar alguém oferecendo um ombro amigo, as palavras confortam, ajudam a resolver problemas; por exemplo, um psicólogo que escuta seu paciente e mostra uma visão de fora do problema. Saber ouvir talvez seja a habilidade comunicativa mais difícil de dominar, segundo Stephen Covey. Falar resolve qualquer mal-entendido ou ponto que não ficou claro, mas quando não são bem utilizadas, as palavras podem ferir, magoar e até mesmo machucar. Para o bem elas proporcionam conciliações, nos afastam da dor e da tristeza, provocam mudanças, soluções. Enfim, falar é expor sua opinião, ajudar e apaziguar conflitos.

Você normalmente deixa as pessoas exporem seus pontos de vista até o fim ou não dá espaço para se expressarem? Deixe-as falar e as escute, preste atenção. O melhor de tudo é que sabendo ouvir, aprendemos a falar na hora certa e com propriedade. Isso aumenta nossa credibilidade, fortalecendo o nosso marketing interpessoal. Sabendo ouvir, você vai detectar o que o outro está precisando naquele momento e poderá sugerir uma solução. Então, pratique a habilidade de escutar mais e falar menos, o silêncio neste caso não é omissão, é aprendizado. Escutar facilita o aprofundamento de relacionamentos e a solução de conflitos.

Escuta ativa

O psicólogo clínico Thomas Gordon criou, em 1970, o termo escuta ativa. Ele ficou reconhecido como um pioneiro no ensino de técnicas de comunicação e métodos de resolução de conflitos. O objetivo é ensinar professores, empresas, líderes,

Capítulo 5

vendedores e pais a melhorar suas relações e se comunicar de forma mais clara e positiva. Para Gordon, a escuta do outro é um dos pilares dos relacionamentos saudáveis.

O psicólogo Carl Ransom Rogers tinha uma teoria mais antiga sobre a escuta ativa, que falava no poder da escuta já na década de 1940. Ele foi o fundador da chamada abordagem centrada na pessoa e na sua autodescoberta, que estabelecia uma relação de confiança, empatia e cooperação entre paciente e terapeuta.

Saber ouvir o que seus amigos, clientes e colaboradores têm a dizer é fundamental para você aprender e ajudar o próximo. E é aí que entra essa prática de escuta ativa. Por meio dela, é possível entender melhor o que as pessoas realmente estão dizendo e desenvolver um relacionamento de qualidade com seus públicos interno e externo. Ela o ajuda a conectar-se e demonstrar interesse em ouvir os argumentos, além de criar um ambiente de confiança, visto que é a base de qualquer relacionamento saudável.

A escuta ativa o conecta com as pessoas ao redor e constrói relações de confiança, valorizando a opinião do outro e encorajando sua expressão. Ela é uma maneira de tornar os diálogos mais eficientes. Ajuda a assimilar e interpretar o conteúdo que o outro tem a dizer, permitindo que o ouvinte absorva o conteúdo de forma mais sincera, demonstrando um interesse genuíno sobre o que está sendo dito pelo interlocutor a fim de criar um diálogo com ele. É normal não assimilar as informações ditas pelo interlocutor, isso pode se dar pela quantidade de conteúdo ou pela falta de concentração ou dificuldade de analisar o que de fato está sendo dito.

> *"A maior parte das pessoas não escuta com a intenção de entender; elas escutam com a intenção de responder."*
>
> **Stephen Covey**

Ouça mais e fale menos

É necessário aprender a desenvolver um interesse genuíno no que o seu interlocutor está dizendo, que possibilite se envolver na conversa e evitando distrações que impeçam o entendimento das informações e/ou conteúdos pertinentes naquele momento. No ambiente de trabalho, por exemplo, podemos perceber que, sabendo aplicar a escuta ativa no processo de comunicação com o cliente e consumidores, pode-se acarretar muitos negócios, além das reuniões e *feedback* com a sua liderança. Uma boa escuta ativa estreita relacionamentos com seu público, empresa e os profissionais que trabalham com você, por meio de uma comunicação clara, efetiva, sem ruídos e capaz de esclarecer dúvidas e reduzir conflitos.

Os benefícios da escuta ativa são uma via de mão dupla: quem fala percebe que a sua opinião é importante, confiando em que está ouvindo; quem ouve sem julgar é capaz de entender que cada pessoa vive de um jeito, de acordo com as suas experiências e visão de mundo. A partir daí, fica mais fácil alinhar as expectativas.

Os benefícios da escuta ativa

Sendo bem utilizada, a escuta ativa pode trazer uma série de benefícios que vão desde a melhoria no relacionamento com os públicos interno e externo até a redução de divergências causadas por falhas na comunicação.

Veja os principais benefícios que essa prática pode proporcionar:

- **Melhora nas relações interpessoais;**
- **Aumento da produtividade;**
- **Maior clareza nos diálogos e redução de ruídos;**
- **Maior absorção de informações relevantes;**

Capítulo 5

- Redução de falhas na comunicação;
- Maior geração de *insights* vindos de clientes e de colaboradores;
- Aumenta a autoconfiança e segurança sobre ações e resultados, minimizando erros;
- Melhoria no engajamento e na relação com equipes, clientes e *prospects*;
- Aumento do engajamento do público com a marca;
- Diminuição de conflitos internos;
- Melhor entendimento por parte dos colaboradores;
- Aumenta a autoconfiança e segurança sobre ações e resultados;
- Melhoria no clima organizacional;
- Construção de relacionamentos mais sólidos com clientes;
- Aumento das vendas da empresa;
- Otimização de processos.

Como desenvolver a escuta ativa na sua empresa?

Conforme citado anteriormente, são muitos os benefícios que a escuta ativa tem para a sua empresa e seu negócio. Mas como aplicá-la?

1. Faça uso de perguntas abertas

Se você decidiu escutar verdadeiramente seus colaboradores, precisa ter a mente aberta, sem julgamentos, que é o objetivo da escuta ativa, fazendo perguntas que encorajem a pessoa a falar. Fazer perguntas abertas é uma oportunidade de estimular que alguém exponha o seu ponto de vista em relação a um assunto específico, para que ele ela-

Ouça mais e fale menos

bore uma resposta mais completa sobre as percepções do que foi perguntado. Em contrapartida, os líderes devem estar dispostos e preparados para ouvir o que seus colaboradores têm a dizer, criando, assim, uma transparência e estimulando a participação de todos os envolvidos.

2. Escute com bastante atenção

Ouça tudo o que a outra pessoa tem a dizer, não basta apenas ficar em silêncio enquanto o interlocutor estiver falando; não fique calado, reforce o conteúdo da fala e absorva o que está sendo dito. Anote tudo, esteja atento para que você proporcione uma ligação entre vocês dois. Lembre-se de ouvir com "olhos e ouvidos".

3. Sinalize que está acompanhando a conversa:

Nessa hora, a linguagem corporal pode ser sua aliada, balance a cabeça, movimente os braços, sorria e mantenha uma postura aberta e interessada.

4. Dê um feedback para o interlocutor

Mostre à pessoa a sua visão sobre aquele assunto, ofereça informações que o emissor obtém da reação do receptor à sua mensagem, e responda com ações. Por isso, é importante dar uma resposta aos colaboradores, tanto positiva quanto negativa, com prazos estipulados, metas desenhadas e, acima de tudo, transparência.

5. Ofereça um canal eficiente

Para que aconteçam os dois casos mencionados anteriormente, é preciso disponibilizar um canal entre a empresa e o colaborador. Mas como ouvir todos os colaboradores? As opiniões serão coletadas online ou pessoalmente?

Capítulo 5

Por meio de reuniões semanais ou mensais, você está escutando mais a sua equipe, ouvindo mais sugestões, melhorias quanto ao trabalho praticado. Assim, sua escuta ativa será a mais assertiva, e você poderá colher os resultados.

Vamos colocar isso em prática na sua empresa com seus colaboradores e clientes?

A comunicação é aliada da escuta ativa

Infelizmente, poucas pessoas são boas ouvintes, é preciso se esforçar para mostrar ao interlocutor atenção e oferecer ajuda. Exercite o hábito de ser um ouvinte nato. Foque no momento do diálogo, deixe as distrações de lado, evite pensar em outras coisas, concentre-se, só assim você pratica a escuta ativa. Demonstre que está acompanhando a conversa utilizando a linguagem não verbal, ou seja, sua linguagem corporal. Balance a cabeça concordando, discordando, nesse momento é importante que você mostre que está escutando.

Não julgue, seja o mais neutro e imparcial possível ao ouvir, deixe os preconceitos pessoais, conclusões precipitadas de lado para não interferir na mensagem que está sendo dita. Disponibilize seu tempo para ouvir, não demonstre pressa ou apreensão com o horário, mostre que você está ali, disponível para ouvir.

Não atropele a pessoa que está falando, deixe ela concluir seus pensamentos. Minha mãe já dizia: "Não faça para os outros o que não gostaria que fizessem com você". Lembre-se de que essa é uma oportunidade para exercitar a empatia e se colocar no lugar do outro. Não ser seletivo ao ouvir a fala do outro, manter-se concentrado, focar durante todo o discurso, compreendendo as informações ali transmitidas.

Pergunte ao interlocutor, isso demonstra que você está realmente prestando atenção ao que ele está dizendo, que a mensagem está sendo entregue e assimilada. Esses questionamentos servem como forma de confirmar que você entendeu a mensagem corretamente, que busca mais informações e se aprofunda no assunto em questão.

A empatia deve ser aplicada o tempo todo, ninguém é igual a ninguém, nem todo mundo pensa como nós, somos diferentes, temos que sempre nos colocar no lugar do outro. Um *feedback* no final da conversa é extremamente necessário para demonstrar ainda mais o seu interesse genuíno pela conversa. Faça críticas construtivas, elogios, não deixe de comentar o que ouviu, logo ele vai saber que você assimilou toda a conversa.

Falar é muito mais fácil do que ouvir e nem sempre estamos dispostos a isso. Na correria do dia a dia, passamos boa parte do nosso tempo na agitação, sem escutar o que o outro tem a nos dizer. Precisamos parar para respirar, nos encontrar com amigos, colegas de trabalho e sermos bons ouvintes. Quem sabe se comunicar com habilidade, empatia, sinceridade e respeito sempre vai estar à frente de muitas situações.

Comunicação não violenta

Marshall Rosenberg (1934-2015), psicólogo norte-americano que sofreu *bullying* durante a infância, criou a metodologia para aprimorar os relacionamentos interpessoais e diminuir a violência no mundo. Em 1984, fundou uma organização sem fins lucrativos, chamada Centro para a comunicação não violenta. Em 1961, ele se tornou PHD em psicologia clínica pela Universidade de Wisconsin, nos Estados Unidos.

De acordo com o autor, a CNV Comunicação Não Violenta (CNV) se respalda em habilidades de linguagem e comunicação que fortalecem a capacidade de continuarmos humanos,

Capítulo 5

mesmo em situações divergentes. Com o objetivo de possibilitar a nossa escuta em demasia, tanto conosco, quanto com outros, a CNV proporciona respeito, empatia, atenção e compaixão.

> *Não pense que o que diz é empatia. Assim que pensa que o que diz é empatia, estamos distantes do objetivo. Empatia é onde conectamos nossa atenção, nossa consciência, não o que falamos.*
>
> **Marshall Rosenberg**,
> autor do livro Comunicação não violenta.

A comunicação não violenta compreende as habilidades de falar e ouvir, não agredindo de forma direta ou indireta outras pessoas. Ela tem o objetivo de trazer o que há de mais genuíno nas pessoas: emoções, valores e a capacidade de se expressarem com honestidade, ajudando os outros com real empatia, assim como o *networking* deve ser feito, de maneira sincera, "sem pisar", machucar, rotular e usar as pessoas.

Estes são alguns exemplos do que não aplicar no nosso dia a dia: julgamentos, conforme o primeiro exemplo, o próprio *bullying*, se comportar na defensiva, colocar a culpa no outro, discriminação, criticar e não escutar, linguagem de coerção, ameaças e chantagens fazem com que as pessoas expressem cada vez mais a sua violência em forma de palavras.

Segundo o psicólogo, autor do livro Comunicação não violenta, comunicar-se de forma positiva significa se atentar para estes quatro aspectos:

Consciência: conjunto de princípios para uma vida com mais compaixão, colaboração, coragem e autenticidade;

Linguagem: entender como as palavras contribuem para conectar ou distanciar;

Ouça mais e fale menos

Comunicação: saber como pedir o que queremos, como ouvir os outros, mesmo quando há discordância, e como encontrar soluções boas para todos;

Meios de influência: dividir o poder com os outros em vez de utilizar o poder sobre os outros.

A comunicação, como já vimos neste capítulo, é de extrema importância para qualquer relacionamento, tanto pessoal quanto profissional, mostrar o seu ponto de vista e suas ideias com clareza e não um desencontro de informações.

Uma pesquisa[32] realizada pela Harvard Business Review, mostrou que 91% dos colaboradores afirmaram que problemas na comunicação podem prejudicar os executivos, e que para 57% dos profissionais, a falta de clareza é um dos principais problemas das lideranças. Para que isso não aconteça, precisamos aplicar algumas competências emocionais básicas, como o diálogo, a empatia e a autoliderança.

Segundo a OIT Organização Internacional do Trabalho (OIT), 52% das mulheres já sofreram assédio sexual, moral ou psicológico em algum momento de suas carreiras. Mesmo tendo conquistado o seu espaço, elas ainda são o principal alvo de assédio nas organizações, porque o machismo impera na área corporativa e existem homens que se acham superiores às mulheres.

Algumas empresas têm canais diretos para denúncias de funcionários contra seus superiores ou colegas de trabalho, alegando assédio moral, sexual ou práticas abusivas. Vale sempre buscar esses canais que são sigilosos e seguros para que você não seja mais alvo desses assédios.

Para que não haja uma liderança autoritária com uma comunicação violenta é preciso ter escuta ativa, autoconhe-

---

32. Comunicação não violenta: como ela auxilia na produtividade?. Perfix. Disponível em: <https://www.perfixconsultoria.com.br/comunicacao-nao-violenta-como-ela-auxilia-na-produtividade/#:~:text=N%C3%A3o%20%C3%A0%20toa%2C%20pesquisa%20realizada,dos%20principais%20problemas%20das%20lideran%C3%A7as>. Acesso em: 16 jan. 2022.

Capítulo 5

cimento e vínculos com a equipe. O convívio diário com seus colaboradores é primordial para a criação de conexões entre eles e a liderança, ela tem que estar disponível e favorável ao diálogo para que os colaboradores se sintam à vontade para dar *feedbacks* e trocar ideias. Sendo assim, os gestores estão preparados para disseminar suas orientações às equipes defendendo suas ideias a todos os líderes de forma mais humana e assertiva, melhorando a comunicação interna entre eles e outros departamentos, evitando conflitos interpessoais, aumentando a motivação, gerando mais engajamento dos colaboradores, por consequência, trazendo mais produtividade à empresa.

Segundo o instituto norte-americano Gallup,[33] empresas em que os índices de comprometimento são mais altos chegam a ser 22% mais lucrativas e a ter 37% menos absenteísmo que as demais.

Comunicação não violenta não é sinônimo de ser omisso

A comunicação não violenta não é sinônimo de passividade, de "engolir sapo", tem como objetivo expressar o que estamos sentindo e sermos honestos com nós mesmos. Ela vai fazê-lo repensar a forma como duas pessoas podem se ajudar mutuamente.

Comunicar-se de forma não violenta é um processo, requer um tempo, prática, podemos aplicá-la quando estamos em um evento, palestra, congresso. O *networking* irá lhe dar inúmeros tipos de conversas, e como resultado tudo o que aprendemos no momento em que nos permitimos ouvir, trocar conteúdos e experiências. Será muito mais significante.

Em suma, ela não é uma atitude passiva ou de aceitação, e sim uma maneira de se expressar e se comunicar de um jeito mais empático, claro e sincero.

---

33. FUHRMEISTER, Fernanda. Veja o que é comunicação não violenta e como trabalhar esse aspecto nas empresas. Grou, 2019. Disponível em: <https://grougp.com.br/blog/comunicacao-nao-violenta/>. Acesso em: 16 jan. 2022.

Ouça mais e fale menos

Comunicação não violenta não é falar de forma delicada, doce

A CNV não quer dizer que você vai falar baixinho, de forma branda. Você não pratica CNV só para parar de falar palavrão, mas vai aprender a não julgar, rotular as pessoas, desde seu aspecto físico até os valores, princípios.

Evite esses hábitos da comunicação violenta de acordo com o livro Comunicação não violenta, de Marshall Rosenberg:[34]

Comparações são uma forma de julgamento.[35]

Quando julgamos, é bem difícil que a pessoa nos escute. Comparações com outros é a pior coisa, pois não há ninguém perfeito. Transferir a culpa é renegar nosso compromisso perante a sociedade, é negar a responsabilidade.

Classificar e julgar as pessoas estimula a violência.[36]

É *bullying* você rotular pessoas: "Aquele é o que lambe o chão do chefe", "Ela é uma incapaz, cadeirante", essas palavras soam com um tom violento, agressivo.

Formular pedidos em uma linguagem clara, positiva e de ações concretas revela o que realmente queremos.[37]

Vimos neste capítulo que a nossa comunicação é muito importante, que precisamos passar a mensagem de forma clara e objetiva. Tenha isso como objetivo de vida, melhore sua comunicação.

---

34. ROSENBERG, Marshall. Comunicação não violenta: técnicas para aprimorar relacionamentos pessoais e profissionais. 4. ed. São Paulo: Ágora, 2006.
35. Ibid., p. 41.
36. Ibid., p. 40.
37. Ibid., p. 107.

Capítulo 5

As duas partes da CNV: expressar-se com honestidade. Receber com empatia.[38]

Quando você transmite ao seu ouvinte a mensagem de forma clara e objetiva, o receptor a responderá de maneira empática. Tudo é o jeito de falar com as pessoas.

Pergunte antes de oferecer conselhos ou estímulos.[39]

Às vezes, o seu amigo está passando por um momento muito dolorido na vida e precisa de um ombro. Pergunte se ele está precisando de algo, esteja a disposição para qualquer ajuda, isso também se aplica no *networking*, ajudar o outro.

Evite dizer 'Eu deveria'.[40]

Já ouviu falar na frase "O feito é melhor que o perfeito"? Pense no que você tem como objetivo, busque, construa isso, não fique pensando: será que eu deveria fazer isso? Será que vai dar certo? Elabore um plano de ação e vá à luta!

[Motivações extrínsecas que podem ser negativas:] 1. Por dinheiro; 2. Por aprovação; 3. Para evitar uma punição; 4. Para evitar a vergonha; 5. Para evitar a culpa; e 6. Por dever.[41]

Situações que o levam a ser uma pessoa que não é, ou que, pela situação se corrompe por dinheiro, mente para não levar uma punição ou passar vergonha, enfim, são situações que você não irá se sustentar. Muito cuidado para não cair do penhasco e perder tudo que conquistou de maneira correta, sendo ético e ajudando as pessoas.

---

38. Ibid., p. 133.
39. Ibid., p. 134.
40. Ibid., p. 182.
41. Ibid., p. 191.

Ouça mais e fale menos

O julgamento dos outros contribui para criar profecias que acarretam a própria concretização.[42]

Minha mãe já dizia: "Filha, não alimente pensamentos negativos, que isso atrai." Ela está certa, o poder das palavras tem muita importância em nossas vidas se quisermos prosperar profissionalmente e também no campo pessoal.

O medo da punição diminui a autoestima e a boa vontade.[43]

A pior coisa é vivermos com o fantasma do MEDO. Medo de fazer isso, aquilo, além de diminuir a autoestima, você se questionará se é bom mesmo, se você sabe realmente fazer aquilo. Viver com medo ou receio lhe dá insegurança de arriscar e optar por outros novos projetos.

Concentre-se no que deseja, não no que deu errado.[44]

Foque no seu objetivo, seja ele profissional ou pessoal, não se amargure pensando no que deu errado, isso só atrai pensamentos negativos e baixar a sua autoestima. Desenhe e mapeie o que você quer, construa relacionamentos sadios para que eles sejam a ponte para alcançar o que você realmente quer.

Desarme o estresse estabelecendo empatia com os outros.[45]

Nada melhor do que a gente se colocar no lugar do outro, ajudar o próximo, isso evita pensamentos negativos, ações intempestivas e estresses. Faça isso, você irá se sentir bem melhor.

---

42. Ibid., p. 206.
43. Ibid., p. 227.
44. Ibid., p. 239.
45. Ibid., p. 241.

Capítulo 5

Tendemos a registrar o que está dando errado, não o que está dando certo.[46]

Por que nós pensamos mais no que deu errado, do que deu certo? Porque às vezes a gente se pune, por muito tempo: "Poxa, se eu tivesse feito aquilo...", "Se eu não ...". Pare de ficar murmurando pelo que não deu certo, ele serve para a gente tomar como lição aprendida e superar as dificuldades.

Eu já passei por isso muitas vezes, imagine se eu tivesse que ficar remoendo cada insucesso? Seria uma pessoa sem autoestima, sem vontade de fazer as coisas, me punindo e me achando o pior ser humano desse planeta. Tire um dia de luto, afinal: "O choro pode durar uma noite, mas a alegria vem sempre pela manhã". E siga em frente!

Exemplos de comunicação não violenta

A seguir, algumas expressões para que você entenda melhor e na prática como podemos ser mais assertivos na comunicação.

"Você gostaria se eu fizesse aquilo?" É um jeito de oferecer ajuda para abordar uma necessidade.

"Quando você fez isso, me senti..., pois precisava de...". Um desabafo.

"Vejo que... Estou me sentindo... por precisar de... Você gostaria de...?". "Vejo que... Você está se sentindo... por precisar de...?", seguido de "Resolveríamos sua necessidade se eu...?" Uma demonstração de sentimentos e pedidos.

---

46. Ibid., p. 260.

Ouça mais e fale menos

Evite!

"Você me fez sentir...", "Me sinto... por você ter feito...", "Você está me deixando nervosa". Responsabilidade no outro.

"Eu fiz seu trabalho naquele dia e agora você não quer fazer o meu. Não peça mais nada para mim!"

"Você chegou atrasado, isso é muito desrespeitoso!"

"Bati nele porque ele me provocou."

"Como sempre, você não desligou a luz da sala de reuniões."

"Ah, essa pessoa quer me derrubar."

"Não tinha como fazer diferente, meu chefe me obrigou."

"Poxa, você não tá nem aí!"

"Eu sou o funcionário mais antigo da empresa e eu sei o que é melhor para os meus colaboradores."

Atividade prática – Árvore dos valores

A intenção é construir uma árvore mesmo, cujas folhas serão a representação dos seus valores, e você escreverá um valor/sentimento/emoção relacionado com a comunicação não violenta no espaço de trabalho.

Quando a união gera frutos:
"Juntos sempre em união, fazendo a transformação".

Capítulo 6

Como fazer um benchmarking

Benchmarking vem de "benchmark", que significa "referência". Já os japoneses têm uma palavra para o fenômeno do benchmarking, dantotsu, que significa "lutar para tornar-se o 'melhor do melhor'", é um meio de gestão que tem como objetivo de aprimorar processos, produtos e serviços, gerando mais lucratividade e produtividade, buscando sempre as melhores práticas usadas no mercado para encontrar oportunidades de melhoria e de crescimento.

Em nossa literatura, temos muitas obras com depoimentos de vários executivos de empresas conhecidas que são consideradas referências, como: 3M Company, American Express Company, Toyota, General Electric, Johnson & Johnson e Xerox Company. O benchmarking teve início na Segunda Guerra Mundial, mas ganhou força na década de 1970, por meio da empresa

Capítulo 6

Xerox, que iniciou um processo sistemático de pesquisa a respeito dos processos de gestão e produção empregados.

> **Benchmarking é o processo contínuo de medição de produtos, serviços e práticas com os mais árduos competidores ou aquelas companhias reconhecidas como líderes da indústria (best in class).**
> **The Xerox Corporation**

Desde o seu surgimento, a prática vem ganhando força e variações. Os mais conhecidos tipos de *benchmarking* são:

Benchmarking competitivo

É usado pelas empresas como forma de avaliar e comparar de maneira mais assertiva. Por meio dela, a empresa compara seus próprios métodos de gestão com as concorrentes com o propósito de melhorar e se manter atualizada quanto às práticas do mercado, alcançar os seus concorrentes, e depois ultrapassá-los, tornando-a a melhor do ramo, ou, no mínimo, melhor que eles.

Existem diversas formas de fazer isso, sendo as mais simples as pesquisas informais (ler artigos, livros do seu segmento, conhecer profissionais da sua mesma área de atuação, pesquisar na internet sobre os concorrentes etc.). As mais avançadas podem ser pela consultoria externa, ou até mesmo o uso de métodos como o "cliente oculto" para conhecer o concorrente mais de perto. Essas duas modalidades vão auxiliar a identificar estratégias e darão uma visão ampla de como o negócio está no mercado.

Benchmarking funcional

Alguns confundem o *benchmarking* funcional com o *benchmarking* genérico, pois eles funcionam nos processos internos de uma empresa.

Como fazer um benchmarking

Pode ou não ser na própria empresa, e serve para trocar informações de determinada atividade. Isso dá um ponto de referência, é o resultado do melhor processo semelhante a outros na mesma organização.

Ele é o mais utilizado, pois são empresas pesquisadas de diferentes ramos, que adotam técnicas interessantes em atividades específicas. O *benchmarking* funcional pode ser muito mais assertivo, pois ajuda na troca de informações.

Benchmarking genérico

Apresenta semelhanças em relação ao anterior, mas, enquanto o *benchmarking* funcional é focado em uma função específica da empresa, o genérico vai lhe dar um sentido mais amplo, mais geral.

Para entender melhor do que se trata, as empresas de tecnologia utilizam muito esse tipo de *benchmarking*. Elas agem como parceiras, que podem ser de forma simultânea, e claro, sem nunca esquecer da ética e do respeito aos concorrentes. A vantagem desse método é a obtenção de um conhecimento amplo do próprio negócio, que possibilita também tornar o processo mais transparente.

Benchmarking interno

É a mais usual no mercado, pois visa as melhores práticas na própria organização, mas em unidades distintas ou em outros departamentos, por exemplo. Tem como vantagem a oportunidade de atrair mais parcerias, com gastos mais baixos e a valorização pessoal interna.

Para se posicionar bem no mercado é necessário ter força para combater a concorrência e, acima de tudo, satisfazer

Capítulo 6

o cliente. O tema *benchmarking* é tão importante no mundo dos negócios que, em 1991, foi criada por 39 organizações privadas e públicas a Fundação Nacional da Qualidade (FNQ). Essa entidade sem fins lucrativos administra o Prêmio Nacional de Qualidade. Entre todas as prerrogativas e incentivos desse prêmio, está a divulgação das práticas de gestão bem-sucedidas, com vista ao *benchmarking* (CHIAVENATO, 2006).

A velocidade da mudança e os desafios do mundo globalizado estão conduzindo a um sentido de emergência quanto à adaptabilidade das organizações como condição para que sobrevivam no novo ambiente de negócios. Desde que o enfoque sistêmico substituiu os princípios universais clássicos e cartesianos em que se basearam as anteriores teorias administrativas, está havendo uma nova abordagem e uma nova visão do futuro das organizações (CHIAVENATO, 2006, p. 343 In: Introdução à teoria geral da administração. 10. ed. Atlas, 2020.)

No século passado, deu-se a referência ao uso de técnicas antes do *benchmarking*, por meio do trabalho de Frederick Taylor sobre a aplicação do método científico em empresas que gerou comparações de processos de trabalho. De acordo com Stoner e Freeman (1985)[47], Taylor baseou seu sistema de administração no estudo de tempos nas linhas de produção. Em vez de confiar nos métodos tradicionais de trabalho, ele analisou e cronometrou os tempos dos movimentos dos operários siderúrgicos, dividiu cada função em seus componentes e projetou os métodos melhores e mais rápidos para executar cada um deles. Com isso, Taylor estabeleceu quanto os trabalhadores deveriam ser capazes de produzir com o equipamento e os materiais disponíveis.

Na Segunda Guerra Mundial, tornou-se prática empresarial as empresas compararem-se umas às outras a fim de

---

47. TAYLOR, Frederick W. Princípios da administração científica. São Paulo: Atlas, 1995.

Como fazer um benchmarking

determinar padrões para pagamentos, cargas de trabalho, segurança, higiene e outros fatores no âmbito empresarial (Watson). Drew[48] cita que muitos exemplos de *benchmarking* podem ser encontrados na história econômica.

A industrialização nos Estados Unidos beneficiou-se da imitação dos conhecimentos da Inglaterra no tocante a tecnologias como a metalúrgica. Por volta de 1885, engenheiros americanos visitaram a Inglaterra, copiaram e fizeram grandes mudanças nas máquinas para adaptá-las aos diferentes preços de combustíveis e às características dos rios norte-americanos.

Para Spendolini (1993), o *benchmarking* pode ser definido como "um processo contínuo e sistemático para avaliar produtos, serviços e processo de trabalho de organizações que são reconhecidas como representantes das melhores práticas, com a finalidade de melhoria organizacional".[49]

Segundo BOGAN (2004), *benchmarking* é o método sistemático de procurar os melhores processos e as ideias inovadoras mais eficazes que conduzam a um desempenho superior.

Benchmarking pode ser conceituado como um processo de medição e comparação, tomando como referência os métodos e as melhores práticas de negócios realizadas pelas organizações que são reconhecidas como líderes em determinada área.

"É uma abordagem de gestão organizacional que conduz a tão desejada excelência, utilizando-se de procedimentos de investigação que pretendem reunir e adaptar as respostas encontradas por outras organizações. Longe de se igualar à mera cópia, revela alternativas valiosas de incrementos dos níveis de eficácia e eficiência".[50] (ARAÚJO, 2006, p. 235).

---

48. DREW, Stephen. From knowledge to action: the impact of benchmarking on organizational performance. Oxford: Elsevier, 1997.
49. SPENDOLINI, Michael J. Benchmarking. São Paulo: Makroon Books, 1993. p.10.
50. ARAÚJO, Luiz César. Gestão de pessoas: estratégias e integração organizacional. São Paulo: Atlas, 2006.

Capítulo 6

No entanto, a técnica do *benchmarking* está sempre relacionada a produtos, negócios e serviços, como descrevi no início deste capítulo, mas quero mostrar a você que podemos fazer um *benchmarking* de pessoas. Dá para fazer isso? Claro, você já fez isso e nem se deu conta. Sabe aquela pessoa que você tem como referência, que é muito conhecida nas redes sociais, que sempre está sendo procurada e, normalmente, está rodeada de profissionais renomados? Analise suas características e o porquê de sua "fama", você vai notar que também pode ser aplicado a você, e essas estratégias podem ajudá-lo neste processo.

Como implantar o benchmarking?

Robert Camp[51], que escreveu um dos primeiros livros sobre *benchmarking* em 1989, desenvolveu uma abordagem em 12 etapas para *benchmarking*. Sua metodologia de 12 etapas consiste em:

- **Selecionar o assunto;**
- **Definir o processo;**
- **Identificar parceiros em potencial;**
- **Identificar as fontes de dados;**
- **Coletar dados e selecionar parceiros;**
- **Determinar a lacuna;**
- **Estabelecer diferenças de processo;**
- **Segmentar o desempenho futuro;**
- **Comunicar;**
- **Ajustar o objetivo;**
- **Implementar;**
- **Rever e ajustar.**

---

51. CAMP, Robert. Benchmarking: o caminho da qualidade total. São Paulo: Pioneira, 1999.

Como fazer um benchmarking

O Six Sigma, em português Seis Sigmas, é uma metodologia eficiente cujo objetivo é solucionar problemas crônicos ou de origens desconhecidas[52]. Desenvolvido pela Motorola e muito difundido por Jack Welch, CEO da GE nos anos 1980 e 1990, o Seis Sigma, atualmente, tem sido utilizado nas mais diversas áreas de conhecimento, adaptando-se a qualquer empresa cujo objetivo seja melhorar os resultados financeiros em um curto prazo.

O Seis Sigmas tem como base as seguintes fases:

- **Definir;**
- **Medir;**
- **Analisar;**
- **Melhorar;**
- **Controlar.**

Custos com benchmarking

Existem alguns custos que devem ser levados em conta com a implementação de *benchmarking* na empresa:

- **Visitas efetuadas** (estadias, viagens, refeições, deslocamento);
- **Tempo** (toda equipe que participa para fazer *benchmarking*, que irá dispor de tempo nas pesquisas, e que, consequentemente, se afastará de suas tarefas diárias);
- **Banco de dados** (informação sobre as melhores práticas de determinadas empresas), ou recursos gratuitos podem ser utilizados, por exemplo, de forma online.

---

52. PRETI, Mariana. O que é *benchmarking* e porque é tão importante para o crescimento do seu negócio? Blog C2TI. Disponível em: <https://c2ti.com.br/blog/o-que-e-benchmarking-e-porque-e-tao-importante-para-o-crescimento-do-seu-negocio-empreendedorismo>. Acesso em: 16 jan. 2022.

Capítulo 6

Ferramentas para fazer seu benchmarking gratuitamente

De acordo com o site Hostgator[53], as principais ferramentas gratuitas de *benchmarking* para que você teste e selecione o que funciona melhor para o seu negócio são:

1. **Similar WEB:** oferece métricas completas e aprofundadas sobre sites da concorrência, para obter novas ideias buscando a diferenciação;
2. **Mention:** permite pesquisar termos específicos e obter tudo o que está sendo dito sobre a empresa nos canais online;
3. **InfiniGraph:** permite rastrear as tendências de conteúdo e marcas em seus círculos nas redes sociais;
4. **Open Site Explorer:** ajuda a seguir os esforços de *link building* que os seus concorrentes estão realizando, verificando quem linkou para eles, qual sua autoridade de domínio, entre outros;
5. **Ubersuggest:** essa extensão do Chrome mostra as métricas de SEO mais pertinentes diretamente nos resultados de busca do Google;
6. **Google Alerts:** permite monitorar palavras-chave e enviar relatórios sobre quantas vezes o seu concorrente foi citado na internet;
7. **Google News:** esse agregador de notícias apresenta um fluxo contínuo e personalizado de artigos, de acordo com preferências da empresa;
8. **Redes sociais:** oferecem ferramentas próprias para acompanhar o alcance e a performance dos conteúdos publi-

---

53. O que é benchmarking e 8 ferramentas gratuitas para você testar. HostGator, 12 nov. 2020. Disponível em: <https://www.hostgator.com.br/blog/o-que-e-benchmarking/>. Acesso em: 16 jan. 2022.

Como fazer um benchmarking

cados. O Facebook possui a opção de selecionar *fanpages* similares para analisar e comparar o desempenho em relação aos próprios resultados.

Prós e contras do benchmarking

"Na natureza nada se cria, nada se perde, tudo se transforma." Essa frase, de Antoine Lavoisier (1743 -1794), um dos pais da química moderna, pode ser bem antiga, mas se encaixa perfeitamente na realidade de hoje nas organizações. O *benchmarking* ajuda as empresas a derrotar as suas limitações, reduzir os riscos e colocar em prática novas estratégias, adaptadas ao negócio.

Alguns impactos positivos que ela pode trazer para sua organização:

1. Redução de custos

Nenhuma empresa quer esbanjar dinheiro, com essa pesquisa ela pode reduzir processos e, consequentemente, reduzir custos que podem trazer aumento na lucratividade e maior competitividade para a organização.

2. Compreender o mercado

A finalidade é analisar a concorrência de maneira estratégica, buscando identificar, compreender e avaliar o mercado, comparando de forma assertiva os mais fortes concorrentes.

3. Aprimoramento de processos e suas práticas

Essa qualidade é um procedimento contínuo de pesquisa para avaliar métodos de trabalho, produtos, servi-

Capítulo 6

ços, melhorar processos, desempenhos, atividades internas das empresas e conquistar a excelência em relação à concorrência. O mais importante é a organização não perder tempo reinventando aquilo que os concorrentes fazem. Lembra do início do capítulo que mencionei a palavra "*dantotsu*" empregada pelos japoneses? Lutar para se tornar "o melhor do melhor".

4. Análise do todo

Ela é muito importante para que você possa verificar se suas atividades estão sendo desempenhadas dentro do que é esperado. Este é o momento para avaliar os processos internos e práticas empresariais e identificar a área da empresa que vai ser analisada.

5. Diminuição de erros

É a maneira mais eficaz de trazer novas melhorias. Os gestores podem eliminar o antigo processo na base da tentativa e do erro. Os gerentes podem usar processos que outros já provaram ser efetivos e podem concentrar seu pensamento em melhorar processos e/ou adequá-los às necessidades da organização. Extinguir os erros que foram cometidos pelos adversários é muito eficiente e garante vantagem competitiva.

6. Expor novas ideias

O objetivo é eliminar tudo que não está agregando valor à empresa, ela propõe melhorias contínuas, e busca capacitar as pessoas a um aprendizado rápido, novas ideias, consolidar processos e abordagens em seus negócios, com a finalidade reduzir custos, aumentar lucros, garantir a satisfação e fidelização dos clientes.

Como fazer um benchmarking

7. Identificação do propósito e prioridades

Definir prioridades é imprescindível para focar no que precisamos em relação ao mercado de atuação. Elaborar um planejamento estratégico com todos os dados já recolhidos aumenta a sua visão para definir e alinhar os objetivos e as prioridades mais urgentes do seu negócio. Definir qual o melhor momento de aplicar o *benchmarking* na organização é muitas vezes uma tomada de decisão que surge da necessidade da empresa de encontrar novas práticas para superar um período tão delicado.

8. Novas ferramentas

Com o passar do tempo, podemos dizer que o *benchmarking* tornou-se uma das principais ferramentas no gerenciamento de processos de qualidade total, mas há novos aplicativos de gestão que surgem expandindo, aprimorando e otimizando o ambiente organizacional.

9. Um olhar externo para a organização

É relevante que as empresas desenvolvam metodologias para se adequar a esse ambiente tão inconstante, e claro, alcançar os seus propósitos. Para que tudo dê certo, dependerá muito da sua competência de identificar, analisar e responder, procurando afastar ou não as possíveis oportunidades e ameaças.

Embora exista em menor número, veja as desvantagens do uso dessa ferramenta:

1. **Excesso de foco só na concorrência;**
2. **Possibilidade de distorção de dados das empresas analisadas;**

Capítulo 6

3. Probabilidade do fracasso da personalidade da empresa;
4. Comparações errôneas que podem arruinar a empresa;
5. Risco de cópia.

Você sabia que há um código de conduta de benchmarking?

Como ela abrange uma troca de dados entre as empresas, até mesmo confidenciais, há uma necessidade de ter uma conduta ética nas pesquisas. Assim, é importante que as organizações se atentem aos princípios de um bom estudo.

A International Benchmarking Clearinghouse (IBC), a serviço da APQC (www.apqc.org), criou um código de conduta composto de oito princípios:

- **Princípio da legalidade;**
- **Princípio da troca;**
- **Princípio da confidencialidade;**
- **Princípio do uso;**
- **Princípio do contato;**
- **Princípio da preparação;**
- **Princípio da conclusão;**
- **Princípio da compreensão e ação.**

Como fazer um benchmarking pessoal?

Sabia que você tem *benchmark*? O *benchmark* que conhecemos está sendo sempre associado a produtos, negócios e serviços, não é verdade? O que proponho aqui é mostrar que podemos fazer, sim, *benchmarking* de pessoas.

Como? Sabe aquela pessoa que você admira por ser muito conhecido entre o meio social, sempre procurado pe-

Como fazer um benchmarking

los amigos, constantemente rodeado de pessoas importantes? Então, verifique que características essa pessoa possui que a tornam interessante, que a fazem parecer um astro por onde passa. Você perceberá que muito dela também se aplica a você, mas é preciso estar atento para saber como utilizar essas características corretamente. E a estratégia do *benchmarking* poderá nos ajudar nesse sentido.

Vou confessar para você os meus ídolos: Maria Luiza Trajano, uma mulher de força e persistência, uma líder nata, e Rocky Balboa ("Não importa o quanto você bate, mas sim o quanto você aguenta apanhar e continuar").

> *Seja seu benchmark e quebre seus próprios recordes todos os dias!*
> **Elida Pereira Jerônimo**[54]

Para usar o *benchmarking* em sua vida pessoal, você precisa se planejar seguindo estes passos:

1. **Estabeleça objetivos, saiba o que você quer e neste momento seu autoconhecimento vai ajudá-lo e muito, além de identificar seus conhecimentos técnicos e habilidades comportamentais;**

2. **Escreva, escreva e escreva! Anote as informações recolhidas junto a essas pessoas que você pesquisou e mapeie o que você precisa mudar;**

3. **Estabeleça metas pessoais buscando fortalecer os pontos de melhoria e aprimore os pontos positivos.**

---

54. Pensador. Disponível em: <https://www.pensador.com/autor/elida_pereira_jeronimo/>. Acesso em: 16 jan. 2022.

Capítulo 6

É uma ótima ferramenta para analisar seu desempenho profissional e autoconhecimento. Esqueça as crenças limitantes e se abra para novas possibilidades.

Vale a pena lembrar que o *benchmarking* não significa copiar ou plagiar alguém, mas, sim, aprender com os seus atributos e usufruir destes ensinamentos para o seu benefício. Ele é bem equivalente a quando você vai buscar um *networking* mais estratégico.[55]

E algumas dicas de como fazer o *benchmarking* pessoal:

1. **Defina o que você quer atingir como objetivo e faça planos de ação para isso, como por exemplo, elencar quais são seus pontos falhos, analisar seus conhecimentos técnicos e comportamentais;**
2. **Pense em uma pessoa de sucesso que você conheça, e veja o que vocês têm em comum;**
3. **Estabeleça os critérios de prioridades no planejamento;**
4. **Aprenda com os melhores, com os especialistas;**
5. **Escolha o que pretende analisar, conhecimentos técnicos, habilidades comportamentais e atitudes. Liste e priorize o que deve ser melhorado, como por exemplo: o que preciso aprimorar nesse determinado processo? Por onde começar? Que resultados espero ao aplicar essas iniciativas?;**
6. **Busque estabelecer metas pessoais. Como você pode aplicar e agregar esses valores e experiências em suas próprias características pessoais?;**

---

55. MARTINS, Rogerio. Benchmarking de pessoas. Administradores.com, 17 abr. 2019. Disponível em: <https://administradores.com.br/artigos/benchmarking=-de-pessoas#:~:text-O%20benchmark%20de%20pessoas%20%20C3%A9%20uma%20estrat%C3%A9gia%20 de%20desenvolvimento%20pessoal,temos%20muito%20o%20que%20fazer>. Acesso em: 17 set. 2021.

Como fazer um benchmarking

7. Melhore a comunicação empresarial;

8. Agende reuniões, tomar um café já é um bom início para conhecer pessoas e trocar experiências;

9. Mensure seus resultados, não adianta entender como opera as melhores práticas da empresa com quem você fez *benchmarking*. É necessário identificar as falhas, criar planos de ação e resolver o problema;

10. Seja constante, pois é importante sempre estar atento ao mercado, principalmente, de olho nas ações dos concorrentes.

Esteja sempre ativo em palestras, converse e observe as pessoas de referência, pense fora da caixa, leia livros, seja constante, mensure os resultados e tenha ideias novas, pois todas elas têm poder e nós nunca saberemos se ficarmos parados, sem um norte, um objetivo.

O *benchmarking* está diretamente ligado ao *networking*, pois é um meio de ampliar e construir relacionamento com outros profissionais. Acompanhar outras pessoas da sua carreira, ou de diferentes áreas é uma maneira de manter-se atualizado e gerar movimentações dentro do mercado de atuação.

> A velocidade da mudança e os desafios do mundo globalizado estão conduzindo a um sentido de emergência quanto à adaptabilidade das organizações como condição para que sobrevivam no novo ambiente de negócios. Desde que o enfoque sistêmico substituiu os princípios universais clássicos e cartesianos em que se basearam as anteriores teorias administrativas, está havendo uma nova abordagem e uma nova visão do futuro das organizações (Chiavenato, 2006, p. 343).

Capítulo 6

Para Watson (apud Araújo, 2006) deve haver uma preocupação com a utilização correta do *benchmarking* na busca pelo sucesso. O autor considera que é necessário respeitar princípios desde o estudo e durante a execução, conforme a seguir:

Reciprocidade: trata-se de uma ferramenta para utilização recíproca, as informações devem ser trocadas honestamente, visando o sucesso para ambos os lados;

Analogia: buscar realidades semelhantes, por meio de um exemplo, um conceito, para, enfim, tentar analisá-los;

Medição: comparar a outra realidade, os processos, as práticas e identificar oportunidades de aperfeiçoamento;

Validade: confirmar, experimentar, ter a certeza de que o processo, amostra ou informações estão corretos.

Utilizar o *benchmarking* como ferramenta é mais uma oportunidade para você se conhecer melhor e mostrar suas possibilidades. Talvez seja o primeiro passo para romper o mais do mesmo e partir para a construção de propósitos mais assertivos.

Benchmarking e a nossa infância

Durante a nossa infância, era normal compararmos nossos brinquedos, amigos, a tarefa da escola, a roupa, a altura e diversos outros quesitos que englobam a vida infantil, você sabia que você já fazia *benchmarking*? E continuamos a fazer na fase adulta. Quantas vezes você comparou sua vida com a de algum amigo próximo? Fazemos isso naturalmente.

De acordo com o International Benchmarking Clearinghouse (IBC), o *benchmarking* é um processo sistemático e contínuo de medida e comparação das práticas de uma

Como fazer um benchmarking

organização com as das líderes mundiais, no sentido de obter informações que possam ajudar a melhorar o seu nível de desempenho.

Benchmarking de carreira

É muito comum, no mundo dos negócios, a busca das melhores na área de atuação que pretende tornar as empresas mais produtivas, assertivas e competitivas no mercado, como já vimos antes.

Na nossa carreira não é diferente, nos comparamos, sim, com outros profissionais para poder entender e decidir quais serão os próximos passos, como, por exemplo, pesquisar o mercado em relação aos cursos e certificações do momento e manter o *networking* vivo.

Para começar, saia de "dentro da caixa" e comece a buscar relacionamentos que você já tem, amigos, colegas de outras empresas que você trabalhou e, claro, novas pessoas que possam ajudá-lo a alavancar o seu futuro.

Como buscar de maneira mais estratégica?
Quem são as pessoas que atuam na minha área?
Onde posso encontrá-las?
Quem pode me apresentar a elas?

Utilize as redes sociais a seu favor para chamar a atenção de profissionais estratégicos, participe de grupos que promovam encontros com outros empresários. São meios de se manter informado sobre a movimentação do mercado de trabalho, unindo e contribuindo com dados que você quer e precisa saber. O *networking* empresarial é um dos meios que permitem os empreendedores conhecerem mais pessoas,

Capítulo 6

clientes e parceiros, e, assim, aumentar as oportunidades de gerar muitos negócios.

Não adianta nada fazer *networking* só quando precisa, é essencial manter uma boa rede de relacionamento para o sucesso da sua trajetória profissional.

Mapeie seu mercado de atuação, pense no que você mais gosta de fazer, decida onde quer estar daqui a 5, 10 anos e o que você precisa fazer para atingir essa meta. Corra atrás de profissionais que possam auxiliá-lo, mas nem sempre tudo o que funcionou para uma pessoa funcionará para você. Mantenha esse senso crítico apurado para não se frustrar ou não se perder em sua jornada. Quando o assunto são as "melhores práticas na carreira", entenda que a trajetória de outras pessoas serve apenas como inspiração e não como receita de bolo.

Benchmarking e *networking* serão bem-sucedidos quando você tiver aprendido a utilizar essas duas ações como ferramenta na consolidação de suas relações, sendo genuíno e autêntico, mesmo tendo se inspirado em alguém.

Benchmarking + networking = sucesso total

> *Para um networking interessante, seja um benchmarking ambulante.*
> **Celso Willian Palma**[56]

O *benchmarking* é um excelente apoio para auxiliar no gerenciamento contínuo de comparação das práticas, processos e resultados de uma empresa e de seus concorrentes, visando melhorar sua competitividade, ajudando as pessoas a se rein-

---

56. PALMA, Celso Willian. Disponível em: <https://www.linkedin.com/in/celsowillianpalma/?originalSubdomain=br>. Acesso em: 16 jan. 2022.

Como fazer um benchmarking

ventarem. Mais do que nunca, os empreendedores precisam rever suas estratégias frequentemente para garantir que sua empresa lucre e se destaque cada dia mais no mercado. E o *benchmarking* propicia um exercício contínuo de aprendizado que permite à empresa ter inteligência competitiva para fazer ainda melhor e se destacar.

Do mesmo modo, o *networking* também aparece como uma alavanca de novas oportunidades, relacionamentos, novos negócios que proporcionam à empresa estar sendo bem-vista, afinal quem cultiva relacionamentos será sempre lembrado, não é verdade?

Por que e quando devo praticar networking e benchmarking no meu negócio?

Como vimos nos capítulos anteriores, o *networking* é a sua rede de contatos, cada vez que você amplia suas conexões, mais visibilidade e conhecimento terá entre profissionais ou grupos que têm um interesse em comum. O *benchmarking* pode ajudar a conhecer seus concorrentes ou ajudá-lo com parcerias em novos projetos.

Posso lhe garantir que tudo isso tem que ser estratégico no seu negócio, isso porque muitos empreendedores que começam a empreender não têm como investir em ferramentas pagas de automação ou pagar uma empresa para fazer *benchmarking*, e também não estão preparados para se apresentar como empresa, não sabem prospectar, e muito menos identificar oportunidades. Muitos empreendedores querem agir no impulso, sem uma estratégia.

Então, prepare-se para fazer tanto *networking* quanto *benchmarking*.

Capítulo 7

A importância do networking para os negócios

Empreendedorismo no Brasil

De acordo com o site da agência do Sebrae[57], o Brasil está em destaque. As taxas de empreendedorismo inicial, estabelecido e total registradas na pesquisa GEM[58] de 2019 colocam o País em uma posição relevante entre os 55 países que participaram do levantamento. O Brasil apresenta a quarta maior Taxa de Empreendedorismo Inicial (TEA) – para negócios de até 3,5 anos de existência – de 23,3% entre os países incluídos na pesquisa. Essa marca é superior às registradas, por exemplo, nos países do

---

57. "Brasil deve atingir marca histórica de empreendedorismo em 2020", ASN, 10 jun. 2020. Disponível em: <https://www.agenciasebrae.com.br/sites/asn/uf/NA/brasil-deve-atingir-marca-historica-de-empreendedorismo-em-2020,d9c76d-10f3e92710VgnVCM1000004c00210aRCRD>. Acesso em: 20 set. 2021.
58. PEREIRA, Vinicius Riechi. Empreendedorismo no Brasil – GEM 2019. Empreender 360, 22 jul. 2020. Disponível em: <https://empreender360.org.br/empreendedorismo-no-brasil-gem-2019/>. Acesso em: 17 jan 2022.

Capítulo 7

BRICS (Brasil, Rússia, Índia, China e África do Sul), Estados Unidos, Colômbia, México e Alemanha. Considerando a Taxa de Empreendedores Estabelecidos (TEE) – para negócios com mais de 3,5 anos de existência – de 16,3%, o Brasil apresenta a segunda maior marca global. O resultado também coloca o país em posição de liderança entre os BRICS, Estados, Colômbia, México e Alemanha. Destaque semelhante é o alcançado com a Taxa Total de Empreendedorismo (TTE), em que o Brasil apresenta a quarta melhor marca, de 38,7%, do mundo e a maior taxa entre os BRICS.

Motivos para empreender

Em 2019, a pesquisa GEM apresentou uma inovação ao avaliar a motivação para começar um novo negócio. Em lugar das categorias "por necessidade" e "por oportunidade", a pesquisa passou a considerar novas possibilidades. Foram apresentadas quatro afirmações aos empreendedores para que eles se manifestassem positiva ou negativamente em relação a cada uma delas. Quase 90% dos empreendedores iniciais brasileiros concordaram (total ou parcialmente) que a escassez de emprego constitui uma das razões para desenvolver a iniciativa empreendedora com a qual estão envolvidos.

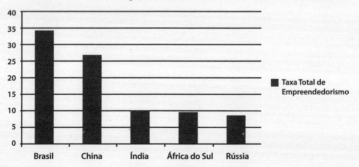

Adaptado pela autora de Fonte: Pires, 2015.[59]

A importância do networking para os negócios

Em comparação aos outros 54 países que participaram da pesquisa, o Brasil está entre os dez que mais consideram a escassez de emprego como fator motivador para empreender, junto com África do Sul e Índia, que fazem parte do BRICS. Com a pandemia, estima-se que essa motivação ganhe ainda mais relevância. Da mesma forma, pouco mais da metade apontou que "fazer a diferença no mundo" (contribuir para um mundo melhor) foi um dos motivos que os levou a empreender. Em contraposição, pouco mais de um terço dos empreendedores confirmou que a ambição de construir uma grande riqueza ou obter renda muito alta está presente entre as motivações. E, por fim, um quarto dos empreendedores também citou que se envolveu em um novo negócio para dar continuidade a uma tradição familiar.

E na pandemia?

De acordo com o Portal do Empreendedor[60], mais de 327 mil pessoas se formalizaram como Microempreendedor individual (MEI) no Brasil desde o início da pandemia do novo coronavírus. O total de MEIs passou de 9,8 milhões, na segunda quinzena de março, para 10,2 milhões no fim de maio de 2020. João Nogari virou MEI há duas semanas. E conta que decidiu empreender, mesmo diante de um cenário adverso, porque sempre quis ter um negócio e viu na quarentena uma oportunidade. "Eu comecei a faculdade de administração neste ano. Mas só tive uma semana de aula e parei por con-

---

59. PIRES, Alessandra. Pesquisa GEM: empreendedorismo atrai três em cada dez brasileiros. ASN, 30 mar. 2015. Disponível em: <https://www.agenciasebrae.com.br/sites/asn/uf/NA/pesquisa-gem-empreendedorismo-atrai-tres-em-cada-dez-brasileiros,bd3848b50ca-6c410VgnVCM2000003c74010aRCRD>. Acesso em: 17 jan. 2022.
60. BARBOSA, Marina. Desde o início da crise, mais de 327 mil pessoas tornaram-se MEIs. Correio Braziliense, 8 jun. 2020. Disponível em: <https://www.correiobraziliense.com.br/app/noticia/economia/2020/06/08/internas_economia,861916/desde-o-inicio-da-crise--mais-de-327-mil-pessoas-tornaram-se-meis.shtml>. Acesso em: 17 jan. 2022.

Capítulo 7

ta da pandemia. Percebi que podia aproveitar o momento para estudar design gráfico e Photoshop, uma coisa que eu gosto e faço como *hobby* para os amigos"; conta.

Adaptado pela autora de Barbosa, 2020.

Networking é a solução para começar o seu negócio

É essencial estar em contato constante com outros profissionais relacionados à sua área de atuação ou mesmo outras pessoas que, de alguma forma, possam alavancar o seu crescimento pessoal ou profissional.

De acordo com o site do Sebrae, que atua muito com o público empreendedor, "O *networking* é excelente ferramenta para as carreiras de empreendedores. Quando bem utilizado, é um instrumento de marketing pessoal muito poderoso. Nestas situações, ele pode ser muito eficaz para desenvolver oportunidades e contatos de negócios"[61]. Os empresários sabem que precisam interagir com uma variedade de pessoas, como for-

---

61. "*Networking*: dicas para sua carreira empreendedora". Sebrae, 19 mar. 2019. Disponível em: <https://sebraemg.com.br/blog/networking-por-que-e-como-fazer/>. Acesso em: 17 jan. 2022.

A importância do networking para os negócios

necedores, investidores, funcionários, clientes, concorrentes e comunicadores. Também precisam interagir com pessoas que não têm a ver diretamente com o seu negócio, mas que, de alguma forma, influenciam o seu cliente ou o cliente que você tem ou almeja. Essas interações ajudam a descobrir novidades do mercado e, por sua vez, podem resultar em parcerias futuras, essenciais para o crescimento de qualquer negócio.

Quando ouvimos a palavra *networking*, imaginamos que ele ocorre somente no âmbito empresarial, mas ele também é uma excelente ferramenta de marketing pessoal, além de auxiliar na construção de amizades motivadas por interesses mútuos. Por isso, é importante que você cultive conexões genuínas, como falamos no primeiro capítulo, pois elas podem auxiliá-lo, mesmo que sem interesses, gerarão crescimento da sua rede de contatos, troca de informações, novos interesses, apoio e até mesmo indicações, alavancando seus negócios. Essa relação de troca fortalece o vínculo entre todos.

O bom *networking*, hoje, não se restringe aos eventos, ele precisa fazer parte da rotina dos empreendedores para assim construir uma rede de relacionamento ampliada e rica. Se aplicarmos o marketing pago talvez nem teríamos tanta eficácia para identificar oportunidades e desenvolver contatos de negócios. A estratégia é mapear e encontrar potenciais clientes na sua rede, você precisa escolher sempre lugares e pessoas que fazem parte do mercado que você quer ajudar.

Manter uma rede social é muito importante para quem quer vender seu produto ou serviço e alavancar seu negócio. No aspecto empresarial, vale para microempresas e pequenas empresas, mas, para isso, é preciso saber que método usar para obter bons resultados. Gerar uma boa rede de relacionamentos profissionais implica interagir com outros profissionais. Não é só adicionar à sua rede e nunca mais interagir e nem sair pelas ruas distribuindo cartões de visita ou *folders* a todos que você conheça. Tenha estratégias, o importante é a qualidade e afinidade.

Capítulo 7

Como já vimos, o *networking* é uma via de mão dupla, uma relação de troca, afinal todos que estão na sua rede de relacionamentos têm objetivos parecidos. Ofereça um conteúdo que possa contribuir com as suas conexões, publique, compartilhe e divulgue, a troca de experiências e conhecimentos pode trazer consequências de bons negócios ou parcerias. Incite pessoas a conhecerem e se interessarem por você, além de confiarem e desejarem fazer negócio com você.

Como prospectar?

Quem são os seus clientes? Para quem você quer oferecer os seus produtos? O que há de tão interessante? Por que o seu?

Para você iniciar sua prospecção, é necessário que saiba quem é seu público-alvo. Inicialmente, pesquise o mercado, conheça e entenda que ele lhe dará conhecimento para que você enxergue as oportunidades, como a concorrência trabalha, que produtos eles oferecem, seus diferenciais, como é a forma de atendimento ao público, onde os funcionários estão presentes, quais canais de comunicação e a forma de linguagem que utilizam e pratique o *benchmarking*. Converse com pessoas que tenham interesse no seu produto ou serviço, é essencial fazer essa pesquisa, pode ser com seus amigos mesmo, para que você encontre quem realmente pode se interessar pelos seus produtos ou serviços. Defina a sua *persona*, é extremamente importante para a eficácia de suas campanhas. Só conhecimento não vale para aprofundar a experiência sobre os hábitos e costumes dos consumidores, a *persona* pode ser representada por um cliente ideal fictício e é formada a partir de comportamento e características reais de seus clientes. As informações abordadas são bem mais elaboradas para apresentar uma definição específica e transparecer a imagem do consumidor ideal.

A importância do networking para os negócios

Por exemplo: "Maria Clara tem 31 anos, mora em São Paulo, adora conversar com as amigas no WhatsApp, ama trabalhar em jornalismo e viajar. Quer ser uma jornalista famosa, mas não quer deixar a sua casa de lado, cuida muito bem e investe em produtos de limpeza para facilitar a sua vida. Precisa de um profissional que cuide da limpeza da sua casa e que confie nele enquanto está trabalhando fora."

Seu público-alvo: homens e mulheres de 25 a 40 anos, que precisam de um serviço online de qualidade, com seguro de contratação de faxina e cuja renda mensal varie de 4 mil a 20 mil reais.

Outra forma de prospectar clientes é mapear os contatos que você quer/precisa conhecer. Seja objetivo e claro do porquê ter contato com determinadas pessoas e o que elas podem fazer pela sua empresa. Você pode encontrá-las em eventos, almoços, *lives* ou redes sociais e, quando isso acontecer, interaja com elas. Veja antes de ir ao evento a lista dos palestrantes, empresas ou feiras de negócios, concorrentes, e comece a seguir estes profissionais nas redes sociais, para começar a pensar quem serão seus potenciais *prospects* e no assunto que abordará quando os encontrar.

Uma dica bem estratégica para você conhecer novas pessoas pode ser ainda listar os contatos aos quais você gostaria de ter acesso, fazer uma lista de todas as pessoas que você conhece e traçar um paralelo entre elas. Quem sabe não acontece de você também ser apresentado por um terceiro?

Chegou a hora do evento e, antes de sair vendendo ou oferecendo seu produto ou serviço, mostre que você é conhecedor do perfil do seu *prospect*, pergunte no que você pode auxiliá-lo e depois invista um tempo para preparar uma introdução do que você pode oferecer. É um relacionamento que está se formando nesse momento.

Capítulo 7

Depois disso, mantenha o contato após o evento, inclua-o em seu funil de vendas, pois, apesar de trocar cartões e de conhecer novas pessoas, você não tem nenhuma venda garantida, *networking* tem etapas, vá com calma. Direcione esses contatos no final do funil de vendas, ou de indicações, da mesma maneira que você faz com outros potenciais contatos. Continue seguindo-os, interagindo nas redes sociais, pois cada relacionamento é único.

Quando você está construindo uma rede de *networking*, seus gestos fazem toda a diferença como perguntar sobre a família, o jogo de futebol final de semana, aquele parente que não estava bem etc. Demonstre interesse também pelo ser humano que ele é e não somente pelo monte de cifrões que você projeta.

Surpreenda sua rede de contatos e se torne cada vez mais confiável e querido, para que você possa ajudar e aumentar as suas vendas a médio/longo prazo. Tenho certeza de que, além de fechar negócio, você poderá ganhar até um amigo.

Elevator Pitch

Pitch, no sentido literal da palavra, quer dizer arremesso em inglês. Trazendo para o mundo do empreendedorismo, um *pitch* seria uma curta apresentação para vender uma ideia, projeto ou negócio, no intuito de despertar o interesse, muitas vezes de investimento, de quem está assistindo. É uma maneira de dialogar de forma rápida e direta com quem se pretende comunicar.

Essa é a ideia do *pitch*: uma apresentação de empreendedores para investidores. Você com certeza conhece o programa de televisão "Shark Tank", que tem um formato bem parecido, em que o empreendedor precisa vender seu produto/serviço em poucos minutos.

A importância do networking para os negócios

Imagina que você criou um produto revolucionário para rugas com grande potencial de mercado e, certo dia, encontrou o CEO da Natura no elevador. Você vai comentar sobre o dia lindo lá fora ou vai aproveitar essa chance para tentar convencer um grande empresário a apostar na sua ideia? Você deve criar uma mensagem central da sua marca que deve ser um tema comum para dar base ao que está oferecendo.

Apesar de ser um encontro fictício dentro de um elevador, isso vale para ilustrar de maneira rápida como deve ser a apresentação. A técnica é bastante utilizada em feiras, palestras e treinamentos, ou mesmo para resumir um projeto dentro de uma empresa, por exemplo.

Como o networking pode alavancar minhas vendas?

Com a crise econômica, as inovações tecnológicas e políticas têm influenciado na reinvenção do comércio nos últimos anos. Com as facilidades possibilitadas pela tecnologia, os consumidores vêm se mostrando mais exigentes quanto aos produtos a serem adquiridos e, principalmente, à experiência de compra. Pensando nisso, é importante trazê-lo para o seu lado independentemente de você estar vendendo produtos, serviços, ou a si mesmo.

Segundo um estudo da consultoria internacional Robert Half[62], o e-mail é apontado como o maior canal utilizado para manter contatos profissionais e fortalecer o *networking* (50%). Nos três anos anteriores, quem liderava a pesquisa eram as redes sociais. O levantamento indicou também que a maior motivação para o *networking* é a possibilidade de se atualizar sobre as novidades e avanços da área de atuação. Mas, afinal, qual é a importância disso para um empreendedor?

---

62. A importância do *networking* para um empreendedor. Programa Avançar Santander. Disponível em: <https://santandernegocioseempresas.com.br/conhecimento/empreendedorismo/a-importancia-do-networking-para-um-empreendedor/#:~:text=Segundo%20um%20estudo%20da%20consultoria,pesquisa%20eram%20as%20redes%20sociais.>. Acesso em: 17 jan. 2022.

Capítulo 7

"Uma troca de experiências e conhecimentos que pode trazer, como consequência, novos negócios". É isso que significa o *networking* entre profissionais, para o *coach* Alexandre Prates.

Ele afirma que o *networking* é fundamental por dois principais motivos:

1. **Criação de uma reputação da empresa e do empreendedor;**
2. **Ampliação da visão que o líder tem em relação aos seus negócios e outros segmentos.**

O *networking* é de grande valia nesse processo, pois, por meio dele, o empreendedor realiza vários contatos com outros profissionais, promovendo uma troca de conhecimento enriquecedora, a já conhecida via de mão dupla. A sua rede pode se relacionar com fornecedores, investidores, colaboradores, clientes, concorrentes e comunicadores. Nada melhor que um atendimento humanizado, diferenciado (e não um copia e cola de saudações), que demonstra interesse real no cliente, traz muitos benefícios à empresa e é uma ótima forma de fazer *networking*, pois o cliente que gostar do seu atendimento indicará e divulgará a sua empresa.

Em um relacionamento, precisamos ter tato e boas maneiras para cumprir prazos, ser transparente, ético, verificar a qualidade dos produtos e da sua prestação de serviços, claro. Em um mundo em que temos "pessoas e pessoas", você precisa se destacar, ser o diferencial dentre elas.

Quais são esses benefícios?

- **Aumento da satisfação e da confiança do cliente;**
- **O cliente vira fã da sua empresa;**
- **Você está frente a frente com os consumidores e direcionando o melhor para eles;**
- **Incentiva o cliente a adquirir mais produtos ou serviços ao longo do tempo.**

A importância do networking para os negócios

"Networking: não é quanta gente você conhece, mas quem você conhece."

Endeavor Brasil[63]

Afinal, os negócios são feitos por pessoas, são elas que apertam a sua mão e assinam o seu contrato.

Empreender no Brasil não é fácil

Foram dezessete anos de vida corporativa entre as minhas duas graduações, letras e psicologia. Ao longo desse tempo, percorri muito por essa estrada, minha história de empreendedorismo ocorreu de forma bem inesperada. Nunca aprendi a ser empresária, pois na faculdade não me ensinaram nada sobre o que é empreender, e isso me deu muito medo. A experiência como empreendedora veio de uma nova competência que percebi ter que desabrochou durante uma crise financeira no Brasil de 2014 a 2016. Abri meu primeiro CNPJ como decoradora de festas infantis; quem me conhece sabe que eu adoro eventos e pensei nessa saída para começar meu próprio negócio, ganhar dinheiro e fazer algo que amo.

Depois de um ano e meio, tive uma depressão, que me fez olhar para dentro e me questionar sobre a minha formação, já que psicologia organizacional era algo pelo que batalhei e queria muito. Resolvi fechar meu CNPJ de festas e abrir outro de consultoria de carreira, ideia do meu marido Luiz Felipe, que me apoiou muito naquele momento. Contratei uma empresa de *design* para construir minha marca, fiz um site e, em março de 2018, nascia a Alcance Assessoria[64]. Eu mesma criei esse nome, justamente por estar alinhado ao meu propósito

---

63. Entenda a importância do *networking* para a sua empresa. Endeavor Brasil, 26 abr. 2017. Disponível em: <https://endeavor.org.br/sem-categoria/entenda-importancia-networking-empresa/>. Acesso em: 17 jan. 2022.
64. Mais informações em: <http://alcanceassessoria.com.br/>. Acesso em: 17 jan. 2022.

Capítulo 7

de alcançar muitas pessoas e ajudar em sua recolocação ou transição de empresa.

Comecei no final de 2017 a produzir conteúdo no LinkedIn ainda meio perdida, mas, aos poucos, me achei, e hoje auxilio profissionais na sua recolocação. Isso me dá enorme satisfação, a Alcance Assessoria promove cursos e ainda ajuda profissionais que estão em busca de recolocação.

Aceita um cafezinho?

Nunca dispense um café, mesmo que sinta que irá perder seu tempo. Você pode desperdiçar um excelente negócio ou parceria. Somos seres humanos sociáveis, é impossível crescer como empresário de sucesso sem estabelecer relacionamentos com sócios, investidores, fornecedores, funcionários ou clientes. É fato que a qualidade de sua rede de relacionamento se mede pelo grau de interação que você tem com ela, quanto mais interagir, mais você estreita essa relação.

No passado, em plena pandemia, buscamos as redes sociais para interagir em eventos e palestras online, como alternativa aos eventos presenciais. Não adianta dizer que conhece "todo mundo" se não tem contato com as pessoas certas. É como se fosse uma árvore crescendo que precisa diariamente de água, uma "rede" de qualidade precisa ser cultivada.

Já o mundo corporativo costuma ser uma bolha, normalmente as interações no tempo livre ocorrem dentro do mesmo ambiente, uma vez que as pessoas compartilham dos mesmos interesses profissionais. O empreendedor, ao contrário, não pode se restringir ao seu nicho de atuação. É necessário desenvolver um ecossistema com sócios, fornecedores, investidores e clientes, pois a construção de uma sólida rede de relacionamentos pode ser o divisor de águas entre o seu crescimento, sucesso e fracasso.

A importância do networking para os negócios

O número de negócios criados ou elaborados, parcerias estabelecidas, sociedades firmadas ou profissionais que estão buscando recolocação sendo contratados a partir da utilização da rede cultivada nas redes sociais e na sua própria rede é imensurável. Por mais que seja trabalhoso, devemos cultivá-la, o que requer disciplina e dedicação. É um retorno garantido, tanto no âmbito pessoal, quanto empresarial. Não seja mais um *click* de conexão, utilize a sua empatia e aprofunde as relações, suas interações serão poderosas.

A importância do networking para um empreendedor

"Se você vai abrir uma empresa e tem duas opções: ter muito dinheiro ou fazer muito *networking*, eu indicaria a segunda alternativa, pois mesmo que você tenha recursos, se você não construir parcerias, gastará tudo e, possivelmente, não vai atingir os resultados desejados", exemplifica Prates. Para ele, o *networking* possibilita ao empreendedor a construção de bons relacionamentos e o estabelecimento de parcerias que contribuam com o negócio de forma espontânea.

Pensando nisso, veja cinco práticas que podem ajudá-lo a realizar um bom *networking*:

1. Não olhe as pessoas como concorrentes

Parceiros. É assim que você deve encarar os outros profissionais. "Não é criando inimigos no mercado que sua empresa irá crescer", diz Prates. Portanto, não tente demonstrar que a sua organização é melhor que a do outro. Além disso, troque o máximo de informações com o objetivo de ajudar a todos.

2. Sirva às pessoas

"Um bom *networking* funciona quando você serve às pessoas", explica ele. Segundo Prates, um dos maiores erros é querer apenas extrair e ser o protagonista da história.

Capítulo 7

3. Não queira vender

Sabe aquela pessoa que chega ao evento querendo vender o próprio produto? O *coach* conta que esse tipo de deslize é comum: "*networking* não é para isso, mas sim para se relacionar. Depois, você pode ligar e marcar reuniões pessoais".

4. Aproxime pessoas

Segundo Prates, o *networking* pode se intensificar ainda mais quando você apresenta um profissional a outro e, além disso, com o tempo, você passa a ser referência entre as pessoas.

5. Prepare-se para o *networking*

Para você, o que significa estar preparado? De acordo com as dicas do *coach*, é interessante estudar a fundo o evento ou encontro e saber de onde vêm as pessoas que circulam por ali. "Esteja antenado com o mercado e o mundo. As pessoas sempre se aproximam daquelas que têm conteúdo".

Networking é estratégico para quem empreende solo

Para Raquel Rodrigues, especialista e mentora em *networking* e negócios, a rede de contatos serve tanto para o microempreendedor, empreendedor individual ou profissional autônomo. Se você se encaixa em uma dessas definições é importante que invista fortemente e de maneira estratégica no seu *networking*.

Ela destaca 5 motivos para isso:

1º Porque você tem a proximidade a seu favor para receber indicações qualificadas de negócios;

2º Porque você entrega valor e gera transformação na vida das pessoas;

A importância do networking para os negócios

3º **Porque você precisa dessas pessoas para alcançar seus objetivos;**

4º **Porque seu orçamento para investir em marketing tende a ser pequeno;**

5º **Porque você já faz *networking*.**

No ciclo do *networking* existem três etapas fundamentais:

1ª **Conhecer.** Conhecer quem já conhecemos e novas pessoas que agreguem ao nosso contexto;

2ª **Conectar.** Buscar sinergia, exercitar a empatia e conviver com as pessoas para criar vínculo;

3ª **Confiar.** Fazer o que promete, manter a proximidade, acolher o outro e ajudar sem esperar algo em troca. É quando estabelecemos confiança que o relacionamento flui e as oportunidades são efetivamente criadas. Por isso, é importante não queimar etapas. Sem conhecer, não nos conectamos, sem nos conectar, não confiamos.

Entenda que o fato de já fazer *networking* não significa que está com suas conexões ativas. Talvez você esteja parado na primeira etapa e tenha apenas contatos que conhece. Daí as oportunidades não aparecem e você acaba desperdiçando seu tempo, sua energia e seus recursos. E até acreditando que o *networking* não funciona.

Para realizar um *networking* mais eficiente e estratégico, que nutre relacionamentos ganha-ganha, seguem algumas orientações:

1 – Tenha objetivos claros

Antes de movimentar sua rede, defina o que pretende al-

Capítulo 7

cançar por meio dos seus contatos. Pode ser vender seus produtos e serviços, encontrar bons parceiros e fornecedores, entrar em um novo mercado, contratar um profissional, ampliar sua visibilidade para determinado público etc. Assim fica mais fácil entender com quem deve conversar e quem deve conhecer, além de transmitir uma mensagem autêntica e coerente.

2 – Comece pela rede que você já tem

É comum ver profissionais preocupados em ampliar sua rede de contatos ao mesmo tempo em que negligenciam as pessoas que conhecem. Os relacionamentos estabelecidos ao longo do tempo tendem a ser com pessoas que gostam de você, desejam seu sucesso e estão dispostas a ajudá-lo. O que elas precisam é saber como. Olhe com carinho para sua rede atual, observe quem pode ser um possível parceiro, cliente ou lhe recomendar para seu público-alvo; entenda como pode contribuir e convide para um papo.

3 – Prepare sua abordagem

A confiança é gerada a cada interação, em cada detalhe percebido. Ao abordar alguém, pense no conteúdo e na forma de transmitir sua mensagem, na imagem e emoção que quer comunicar. Se for com muita sede ao pote e fizer uma oferta logo de cara, pode se passar por interesseiro. Se iniciar uma conversa e sumir, pode parecer desinteresse. O ideal é que a retomada de um contato leve para uma atualização entre vocês e, em seguida, um novo contato que caminhe ao conhecimento mútuo.

4 – Faça descobertas

Seja num café virtual ou interação por mensagem, procure descobrir o máximo de informações sobre a outra pessoa, inclusive gostos e interesses pessoais. São esses os

A importância do networking para os negócios

pontos que humanizam e criam conexões. Além disso, é importante que valide como pode ajudar essa pessoa e se ela é um potencial cliente, parceiro ou indicador antes de falar sobre seu objetivo. Para isso, elabore um roteiro de perguntas interessantes para não se perder nesse momento.

5 – Defina uma agenda

Separe um tempo na sua semana para as atividades de *networking*. Você não precisa fazer todos os contatos de uma vez, mas também não pode deixar de fazê-los. Inclua na sua rotina períodos para mandar mensagens, solicitar conexão, marcar um encontro, pensar sobre oportunidades e concluir os combinados, como apresentar duas pessoas por exemplo. Essa organização fará toda a diferença para tornar o processo leve e produtivo.

6 – Dê continuidade

Em geral, as reuniões são ótimas, os papos são maravilhosos e várias ideias bacanas surgem. É empolgante! E, normalmente, morre aí. Todo esse movimento serve para gerar entendimento e benefícios mútuos. Logo, um novo encontro deve ser agendado para discutir como essas oportunidades serão realizadas. Caso não haja algo específico para ser trabalhado, atualizações constantes e envio de conteúdos relevantes são importantes. Só assim é possível garantir a criação de oportunidades futuras.

7 – Cuide da sua autoestima

Alguns profissionais sentem dificuldade em fazer *networking* por falta de confiança em si ou no seu negócio. Liste todas as suas competências, habilidades e talentos. Tenha clareza sobre sua proposta de valor, seus diferenciais e posicionamento. Procure manter sua autoestima elevada.

Capítulo 7

Ter brilho nos olhos e se expressar com paixão demonstram confiança e conectam, mesmo com as vulnerabilidades normais de qualquer situação, atuação ou negócio. E lembre-se sempre de que qualidade é mais importante do que quantidade. Procure fazer conexões bem-feitas com as pessoas certas de acordo com seu contexto.

Grupos de networking

Clube do Networking[65]

Você conhece o Clube do *Networking*? É uma rodada de reuniões com empresários que potencializa resultados. Para eles, fazer *networking* é conhecer alguém com um problema, saber de outra pessoa capaz de solucionar essa necessidade e ligar esses dois indivíduos. Um dia, essa roda vai girar e você estará na posição de ser ajudado e, graças a um amigo em comum, outro sujeito, desconhecido até então, poderá arrumar uma saída para suas dificuldades. Ou seja, *networking* é feito por quem conecta. Quanto mais pessoas você conectar, maior será a sua rede de contatos. O que fazemos no Clube do *Networking* é acelerar o convívio entre empreendedores, profissionais liberais, consultores e parceiros de negócios, canalizando o foco para a identificação de oportunidades.

Os empresários do Clube do *Networking* iniciaram em 2014. Maurício Cardoso e Marcelo Derossi tinham uma agência de eventos corporativos, que atendia as maiores empresas do Rio de Janeiro na época. Os negócios iam bem, mas os dois trabalhavam muitas horas por dia, não tinham horário para chegarem em casa, era uma rotina quase diária.

---

65. Disponível em: <https://clubedonetworking.com.br/>. Acesso em: 17 jan. 2022.

A importância do networking para os negócios

Mas tinha uma situação que incomodava muito o Maurício: ele via seus concorrentes tirando férias e postando nas redes sociais aquelas fotos onde só aparecem os pés e, ao fundo, aquela praia paradisíaca. "Como eles conseguem? Trabalho 17, 18 horas por dia e não consigo."

Fora a questão das férias, o negócio deles tinha vários problemas que não eram identificados, e nem se percebia a existência deles. Maurício queria muito poder conversar e trocar ideias com outros empresários do mesmo porte. Imaginava que, se eles tinham conseguido resolver os seus problemas, poderiam lhe ensinar ou aconselhar como poderiam resolver os seus.

Lendo uma matéria em uma revista de negócios, ele ficou convencido que a palavra mágica era "*networking*" e que as respostas que estava buscando para melhorar como empresário estavam no exercício de conhecer novas pessoas. Começou a frequentar eventos, distribuir cartões e tentar se aproximar de novos contatos. Não deu certo.

A maioria dos eventos que aconteciam na cidade reunia um monte de vendedores que tentavam vender seus produtos ou serviços para outros vendedores. Ninguém estava preocupado em escutar o outro, todos queriam apenas divulgar as suas ofertas para o máximo de pessoas possíveis. Foi dessa observação que nasceu o Clube do *Networking*, um lugar para trocar ideias e melhores práticas de gestão e negócios entre os participantes.

Pessoalmente, os empresários conduziam mais de 400 reuniões com empresários de todos os portes e segmentos. Fora outras tantas reuniões conduzidas pelo Marcelo Derossi e algumas outras por parceiros do Clube. Nessa jornada, Marcelo aprendeu muito sobre *networking* e sua importância para o empreendedorismo. E ele cita os principais ensinamentos:

Capítulo 7

- *Networking* não é para vender mais e sim para resolver problemas. As pessoas que você conhece apontam os erros e você corrige. Quanto mais erros corrigir, mais você vende;
- **Ajuda não se pede, se oferece. Quanto mais pessoas você ajudar, mais estarão dispostas a oferecer ajuda quando você precisar;**
- **Substitua a palavra "ajudar" por "colaborar". É muito melhor colaborar com outras pessoas;**
- **Seja uma pessoa interessante e não interesseira. As interessantes atraem outras pessoas interessantes. As pessoas interesseiras perseguem. Ninguém gosta de ser perseguido.**

Networking é fundamental para qualquer empreendedor. Cultivar a sua rede de relacionamentos sem esperar nada em troca é a chave para que as portas se abram e as oportunidades apareçam.

Business Networking International (BNI)

Fernando Villela é CEO da Humanitt, que oferece treinamentos online e ajuda empresários que desejam captar negócios ou pessoas que precisam usar o *networking* para conseguir novas oportunidades de trabalho. O foco é ensinar as pessoas a se relacionarem de forma genuína para atingirem seus objetivos, priorizando a humanização dos relacionamentos. E como ele adquiriu esta experiência sobre *networking*?

Ele é da equipe de liderança do maior grupo de *networking* do mundo, o Business Networking International (BNI)[66], composto por membros de variadas áreas de atuação e que indicam seus clientes trocando negócios entre si.

---

66. Disponível em: <https://bnibrasil.net.br>. Acesso em: 17 jan. 2022.

A importância do networking para os negócios

No Brasil, são mais de 180 grupos com mais de sete mil membros. No mundo, o BNI tem mais de nove mil equipes e 260 mil membros em mais de 80 países. É realmente um mundo de oportunidades, mas a grande verdade é que as indicações e as trocas de oportunidades não acontecem apenas ao frequentar um grupo de *networking*. Para que comece a receber indicações das pessoas, é preciso que uma jornada seja respeitada.

Esta jornada é composta por três pilares fundamentais: visibilidade, credibilidade e rentabilidade. Sempre que fazemos *networking*, é preciso que sejamos vistos, notados pelas pessoas. E qual o caminho para ter visibilidade?

É bem simples: quanto mais ajudarmos outras pessoas antes de recebermos algo em troca, maior será a nossa visibilidade. Ajudar pode significar apenas ouvir atentamente o que a outra pessoa tem a dizer. Fernando dá um exemplo prático: "Ao chegar em uma roda de *networking*, antes de falar de você ou do seu negócio, pergunte ao outro, não interrompa e escute de forma ativa. Desta forma você está iniciando um relacionamento de verdade ao perguntar sobre os interesses dela".

As pessoas amam falar sobre os seus negócios e suas necessidades. *Networking* tem tudo a ver com relacionamento genuíno e escuta ativa.

Ao ouvir a necessidade da outra pessoa, o próximo passo que você vai precisar aplicar é a CREDIBILIDADE. E como você pode fazer isso? Apresentando soluções e conexões que podem ajudar, de acordo com a necessidade que a pessoa acabou de explanar na sua apresentação inicial. Por exemplo, imagine que seu contato faça marketing digital para padarias. Quando essa pessoa terminar de explicar com o que trabalha e como é o

Capítulo 7

seu serviço, você pode seguir na jornada do *networking* se oferecendo para apresentar pessoas ligadas ao trabalho dela e que podem ajudá-la.

A credibilidade é posta à prova a partir do momento que você tem a capacidade de conectar às pessoas sem ganhar nada em troca, pelo simples fato de ajudar o outro por meio da sua rede de relacionamentos.

Após as duas primeiras etapas, visibilidade e credibilidade, você alcançará o terceiro patamar, o da rentabilidade. Depois de ouvir as necessidades da pessoa, fazer a conexão com potenciais clientes e parceiros de negócios dela, certamente perguntará em que pode ajudá-lo.

Assim, você chega na fase da rentabilidade, em que será indicado por uma pessoa que não conhecia há 10 minutos atrás; é desta forma que o *networking* é construído, por meio de relacionamentos genuínos.

Para finalizar, gostaria de deixar aqui o meu recado: o *networking* tem o poder de transformar vidas. Você nunca saberá o patamar que poderá atingir com o poder de uma indicação.

"Só tem um jeito de descobrir, fazendo!"
Fernando Villela

O que dizem os empresários?

Segundo Rafael Liporace, cofundador da Biruta Ideias Mirabolantes[67], todo empreendedor deve procurar contatos. "A busca do contato certo é fundamental para qualquer um. E quando você não tem isso de berço, essa relação institucional, cabe

---

67. Disponível em: <https://endeavor.org.br/empresa/biruta-ideias-mirabolantes/>. Acesso em: 17 jan. 2022.

A importância do networking para os negócios

a você buscá-la. Lá na Biruta, nunca tivemos vergonha em relação a isso. Sempre fomos os caras que tinham a cara de pau de correr atrás. Claro que tem que saber não ser 'o chato', mas, ao mesmo tempo, não ser envergonhado"[68], explica.

Para Cássio Spina, fundador da Anjos do Brasil [69], o *networking* é também uma forma de trabalho colaborativo. "Quando você sabe usá-lo bem, você tem uma troca. Mesmo que aquela pessoa seja muito mais experiente, você vai oferecer algo de volta para ele. Eu sempre digo: qualquer um que está no mercado, aberto, está querendo aprender também. Como investidor, eu aprendo muito com as empresas que estou investindo, com a experiência que eles têm em suas respectivas áreas"[70].

Resumindo, o *networking* tem que ser bem utilizado, sempre com ética e valores. Ele vai ajudar na sua reputação, além de ampliar os conhecimentos e a visão que o empreendedor tem em relação ao seu negócio e ao mercado. Tem que ser uma via de mão dupla, conforme já disse antes, é um ganha-ganha, esteja aberto a opiniões, sugestões e críticas. Essa relação, além de proporcionar bons frutos, permite que você ajude o próximo, às vezes não com seu produto ou serviço, mas fazendo uma "ponte" entre as pessoas. Ter contatos profissionais estratégicos se tornou um diferencial em um mercado cada vez mais competitivo na área corporativa, pois, no dia a dia, quem busca manter seu negócio em uma posição de destaque precisa interagir com uma variedade de pessoas, como fornecedores, investidores, funcionários, clientes e concorrentes, e essas interações são oportunidades de encontrar novas notícias sobre o mercado, a fim de fazer possíveis parcerias.

---

68. O *networking* nos negócios. Endeavor Brasil, 10 ago. 2015. Disponível em: <https://endeavor.org.br/desenvolvimento-pessoal/o-networking-nos-negocios/>. Acesso em: 17 jan. 2022.
69. Disponível em: <https://www.anjosdobrasil.net/>. Acesso em: 17 jan. 2022.
70. O networking é uma troca. Redexpert, 31 out. Disponível em: <https://www.redexpert.com.br/o-networking-e-uma-troca/>. Acesso em: 17 jan. 2022.

Capítulo 7

Segundo pesquisa realizada pela consultoria The Adler Group em 2016[71], cerca de 85% das vagas de emprego são preenchidas por meio de *networking*. O levantamento, realizado com cerca de três mil pessoas, também concluiu que muitas delas não possuíam as qualificações ideais para os cargos que ocupavam. Nesses casos, as indicações foram cruciais para a empregabilidade desses profissionais.

Com a pandemia de 2020, a tecnologia ajudou muito nos relacionamentos estratégicos por meio virtual. Cafezinho? Só por videoconferência, mas o mundo virtual deve ser apenas um meio de construir um *networking* efetivo, não o fim, pois é necessário levar os relacionamentos profissionais para o presencial.

Outra forma de desenvolver um relacionamento com um profissional estratégico é se apresentar a ele. Pesquise sobre o perfil dos profissionais que você quer abordar, identifique afinidades e coincidências, como faculdade ou viagens em comum, empresas anteriores, conexões em que possam interligar vocês. Interaja sempre, demonstre interesse, uma conversa é fundamental para gerar mais oportunidades de crescimento que poderão ser aproveitadas no futuro.

O sucesso de seu negócio passa pela rede de pessoas que você aglutina na sua escalada.

---

71. Os seis erros de *networking* mais comuns e como evitá-los. Época Negócios, 15 jan. 2020. Disponível em: <https://epocanegocios.globo.com/Carreira/noticia/2020/01/os-6-erros-de-networking-mais-comuns-e-como-evita-los.html#:~:text=Uma%20pesquisa%20realizada%20pela%20consultoria,para%20os%20cargos%20que%20ocupavam.>. Acesso em: 17 jan. 2022.

Capítulo 8

Networking nos eventos

Quando pensamos na palavra *networking*, lembramos de eventos, não é mesmo? Além de ter uma boa rede de contatos, você deve ter estratégias, iniciativas e, claro, bom senso de como chegar nas pessoas. E no caso das pessoas tímidas? Você tem que ter um pouco de "cara de pau" para aproveitar ao máximo, desde eventos como seminários, congressos e mesas redondas, até mesmo *meetups*, *bootcamps*, fóruns e *happy hours*.

São eventos em que o participante é capaz de fazer diversos contatos com pessoas com a finalidade de se apresentar, falar de sua empresa, trocar cartões etc. São espaços para cultivar as relações profissionais (de qualquer área de atuação), sendo extremamente importante tanto no ambiente acadêmico quanto no empresarial. Ao

Capítulo 8

aumentar a sua rede de contatos, consequentemente, você vai encontrar excelentes oportunidades de negócios ou parcerias.

O *networking* amplia a rede de contatos, aumenta o número de profissionais, fortalecendo os laços de amizade, relacionamento, relações comerciais e possibilita ser uma pessoa influente que encanta e engaja pessoas com o seu carisma, mantenha sempre ele aquecido. Lembre-se de que quantidade não é qualidade, não adianta ter 150 contatos se nenhum deles for qualificado e importante para promover o seu negócio ou a sua carreira.

Marque a sua presença em grandes palestras, encontros e eventos do seu setor. Isso envolve investimento financeiro e de tempo, mas você verá o retorno positivo que terá. Se em cada evento que você se inscrever conseguir fazer de três a cinco novos contatos, logo terá uma rede bem estruturada. Quando estiver lá, prepare-se para conversar com as pessoas estratégicas. Neste capítulo, você vai saber mais sobre isso.

De acordo com o site Rock Content[72], essas ferramentas são importantíssimas para garantir uma boa gestão do seu evento, buscar eventos dentro da sua área de atuação e cidade onde você mora.

E-mail marketing: para atrair a audiência que você busca em seu evento, precisará investir em estratégias de divulgação e o e-mail marketing é uma delas. Muita gente acredita que ele está morrendo, mas isso não é verdade. Hoje em dia, 73% dos *millennials* preferem comunicações de empresas vindas por e-mail. Essa estratégia é valiosa não só por ser um forte canal de divulgação, mas também por ser um canal de interação com aqueles que comparecerão ou compareceram ao seu evento.

---

72. RODRIGUES, Fernanda. 11 ferramentas para garantir uma boa gestão do seu evento. Rock Content, 26 out. 2018. Disponível em: <https://rockcontent.com/br/blog/ferramentas--para-gestao-eventos/>. Acesso em: 17 jan. 2022.

Networking nos eventos

A melhor notícia é que existem ferramentas que oferecem esse serviço gratuitamente, como o Mailchimp. Sua versão gratuita atende a grande parte dos casos, mas, se a sua empresa precisar de mais personalização e funções, você pode optar pelas versões pagas ou por uma ferramenta de automação.

Ferramenta de automação de marketing: você já ficou perdido por usar tantas ferramentas diferentes para cada ação da sua estratégia, sem conseguir integrar informações de uma para a outra? Uma das grandes vantagens de uma ferramenta de automação de marketing é integrar diversos processos de marketing em um só software. Para você que trabalha com eventos, por meio de uma ferramenta de automação, é possível enviar e-mail marketing, criar *landing page*, gerenciar suas ferramentas de redes sociais e anúncios, entre outras ações. Algumas opções de automação são: HubSpot, RD Station e Mautic.

A HubSpot oferece uma versão gratuita do seu software de automação, com funcionalidades como *chat*, gestão de anúncios, *dashboards* e formulário. O RD Station Marketing é um software que auxilia você e sua equipe de marketing a se comunicar com seus clientes de maneira inteligente. Foi feito para gerar mais contatos e oportunidades de venda e provar que marketing digital funciona. Automatize os processos e crie mais oportunidades de conquistar novos clientes (fonte site www.rdstation.com/marketing/).O Mautic também oferece automação gratuita, mas é uma ferramenta de código aberto, portanto, é possível que você precise de um desenvolvedor caso opte por usá-la.

Além desses, há outras ferramentas que podem auxiliá-lo na gestão do marketing de sua empresa:

Capítulo 8

Facebook: gratuito para todos os usuários e uma ferramenta com a qual você já deve estar familiarizado, é adotado por profissionais de eventos por uma série de motivos. Primeiro, porque é possível criar eventos e convidar uma lista de contatos, que podem confirmar presença, convidar sua própria rede de conexões, entre outras ações. Além disso, o Facebook permite que você crie uma comunicação constante com o seu público por meio de postagens no evento e/ou no próprio perfil da sua empresa. Para aumentar o alcance do seu evento, outra dica valiosa é apostar em anúncios dessa rede social.

Lets: simples e intuitivo para que o organizador consiga criar seu evento com segurança e rapidez, ao mesmo tempo em que seus clientes garantem a participação em um evento em poucos passos. É uma plataforma bem completa com acesso aos recursos e ferramentas necessários para uma gestão completa, como: relatórios e gráficos em tempo real, integração com ferramentas de marketing, integração com ferramentas de eventos online (como Zoom eHangouts), sistema para gerenciar afiliados e *promoters*, possibilidade de fazer campanhas de doação, aplicativo para fazer o controle de entrada dos participantes nos eventos, dentre outros recursos.

Sympla: uma das ferramentas mais usadas no Brasil para gestão de eventos para atrair o seu público ou *persona*. Vamos para a próxima etapa: como essa audiência pode comprar ingressos para o seu evento? Se você está pensando que, para isso, é preciso ter um ponto de vendas offline e/ou usar diversas ferramentas, calma! Hoje em dia, existem soluções focadas exatamente em facilitar a compra e venda de ingressos. Um ponto importante é que, além de realizarem a venda online e instantânea, essas ferramentas podem proporcionar recursos de *analytics*.

Networking nos eventos

Além da venda de ingressos, a empresa oferece soluções de pré e pós-evento, e cobra em média 10% do valor de cada ingresso vendido.

Eventbrite: é uma ferramenta para quem quer juntar a maioria das funcionalidades citadas anteriormente em uma única ferramenta. Como o nome sugere, é uma ferramenta desenvolvida especialmente para eventos e permite que você execute ações como criação da página do seu evento, processamento de pagamentos, controle do evento pelo seu celular por meio do *app* da empresa, relatórios e estatísticas em tempo real, integração com Facebook e Instagram. Os planos oferecidos pelo site envolvem taxas de 6,99% a 9,99% para ingressos pagos, e nenhuma para ingressos gratuitos.

MobLee: na atualidade, uma coisa é fato: seja um adolescente, seja um executivo, as pessoas mexem em celulares o tempo inteiro. Isso reforça a importância de ter um *app* para o seu evento e a proposta da MobLee é, justamente, facilitar a criação desse *app*! A MobLee é uma empresa com soluções 100% voltadas para eventos, com a proposta de divulgar, gerar inscrições e engajar seu público.

SurveyMonkey: ouvir o seu público é fundamental para ter sucesso em eventos e qualquer bom produtor sabe disso. Só que, por mais que se fale muito sobre a importância de ouvir o cliente, poucas são as empresas que, de fato, executam essa estratégia. Essa é uma excelente oportunidade para você entender melhor o seu público, o que melhorar em seus eventos e o que continuar fazendo. A SurveyMonkey possibilita isso. Ela é uma ferramenta de questionários online e a boa notícia é que a empresa tem uma versão gratuita que pode servir para você. Alguns usos da ferramenta para eventos são: pedir *feedback* sobre uma edição específica ou perguntar ao seu público quais palestrantes eles querem ver em uma próxima edição.

Capítulo 8

Asana e Trello: fazer orçamentos, trabalhar com fornecedores, divulgar o evento, fazer a venda dos ingressos, encontrar parceiros, essas são apenas algumas das funções que envolvem o dia a dia de quem lida com eventos e, sem organização, é impossível fazê-las com sucesso. Com ferramentas de organização e produtividade como Asana e Trello, é possível ter uma visão de atividades pendentes, em andamento e concluídas, atribuir essas tarefas a pessoas específicas, entre outras funcionalidades. Esses são excelentes recursos para serem usados durante todo o ciclo do evento, já que asseguram controle daquilo que está sendo feito. As versões básicas de ambas as ferramentas são gratuitas. Isso quer dizer que você já pode começar a explorá-las e renunciar ao caderninho o quanto antes.

Google alertas: é uma maneira fácil e gratuita de você ficar atualizado sobre o que estão dizendo sobre o seu evento. Basta configurar o nome dele como um alerta e você receberá em seu e-mail tudo o que sair a respeito.

Slack: imagino que, junto com você, outras pessoas atuem no planejamento e execução dos eventos da sua empresa, certo? Por vezes, manter todos na mesma página se torna um desafio e o Slack pode ajudar a superá-lo. Ele é uma ferramenta de *chat* que possibilita a criação de canais (grupos) de discussão e envio de mensagens diretas. Uma grande vantagem do recurso é que ele tem uma versão para *desktop* e outra para *app*, possibilitando que você fique sempre em dia com as mensagens do seu grupo. O Slack tem integração com algumas das ferramentas que mencionei antes, como HubSpot, podendo avisar sempre que um novo contato converter na página do seu evento, por exemplo. A ferramenta oferece uma versão gratuita para você começar a usar quando quiser.

Networking nos eventos

Evernote: por último, mas não menos importante, sabemos que produtores de eventos estão sempre com a cabeça a mil e que o volume de coisas para pensar e fazer vai aumentando à medida que o evento se aproxima. Por esse motivo, é essencial ter ferramentas como o Evernote para tomar notas que incluam imagem, áudio, PDF e até mesmo vídeo. Você pode usar o recurso no computador e celular, e as notas sincronizam em ambos os dispositivos. Isso significa que, se você estiver na rua e tiver alguma ideia, pode usar o Evernote. Além disso, ele permite que você compartilhe arquivos com a sua equipe, podendo configurar quem tem acesso a cada informação. O *app* com as funções básicas pode ser baixado gratuitamente em iOS, Android e Windows.

Como fazer networking virtualmente?

Em março de 2020, no meio da pandemia, ficamos literalmente isolados, sem nenhum tipo de contato físico, e os eventos presenciais acabaram. Migraram para o mundo digital, onde o cenário não é diferente, o propósito do *networking* continua o mesmo, gerar relacionamentos.

No site da BQ Escritórios[73], a orientação é que para quem pretende criar ou expandir sua rede de contatos precisa, antes de tudo, se comportar de maneira adequada na internet, buscando trocar conhecimentos e experiências em vez de satisfazer interesses próprios. Além disso, para o *networking* virtual ser bem-sucedido, o profissional deve marcar presença em diversos canais além do LinkedIn, como Facebook, e-mail, eventos online, YouTube e Instagram, cultivando as conexões criadas em cada rede.

---

73. *Networking* virtual: como criar uma rede de contatos de sucesso. BQ Escritórios e Coworking, 22 out. 2020. Disponível em: <https://www.bq.com.br/pt-br/blog/busca?s=a%20orienta%C3%A7%C3%A3o%20%C3%A9%20que%20para%20quem%20pretende%20criar%20ou%20expandir>. Acesso em: 17 jan. 2022.

Capítulo 8

A BQ Escritórios ainda mostra outras estratégias para estabelecer uma rede de contatos de sucesso no ambiente virtual:

1 - Elabore uma relação de contatos

O primeiro passo para um bom *networking* virtual é criar uma lista com profissionais importantes para o desenvolvimento da sua carreira. Vale adicionar desde pessoas do seu círculo social com quem você deseja manter contato, até profissionais de destaque na sua área de atuação, diretores de grandes empresas e nomes reconhecidos no mercado nacional e internacional. A ideia é compartilhar experiências e *insights*, acompanhar novidades e opiniões e trocar *feedbacks* com os contatos da sua rede.

2 - Aproveite ao máximo as redes sociais

Redes sociais como Facebook, LinkedIn e Instagram oferecem grande potencial para quem deseja praticar *networking* virtual. No entanto, apenas fazer conexões, seguir pessoas e criar amizades não é o suficiente para se destacar online. Para aproveitar ao máximo essas plataformas e elevar o seu perfil é preciso apostar na interação. Fazer comentários em diferentes postagens, iniciar uma conversa e curtir ou compartilhar conteúdos interessantes para você e seus contatos são estratégias válidas para conquistar maior visibilidade nas redes. Lembre-se de adequar o seu perfil e criar uma imagem profissional, acrescentando informações sobre sua carreira, como formação, habilidades e experiências.

3 - Destaque-se através do marketing de conteúdo

O marketing de conteúdo consiste em criar e gerenciar conteúdos interessantes e de valor para quem acompanha as redes sociais e interage com você na web. Produzir materiais

Networking nos eventos

adequados ao perfil dos seus contatos melhora sua visibilidade na internet e atrai profissionais ainda mais relevantes para a sua carreira. Por isso, invista em um blog próprio e publique conteúdos relacionados à sua área de atuação, procurando alinhar os assuntos ao público que você deseja impactar.

4 - Promova encontros

Agora que você já conquistou uma rede interessante de contatos profissionais durante o *networking* virtual, é hora de expandir os relacionamentos. Invista em encontros virtuais e presenciais, reunindo os membros da sua rede e estabelecendo um contato mais profundo com cada um deles.

Conecte-se com quem quiser!

Em 2018, senti uma necessidade de criar um evento que gerasse um *networking* mais efetivo com o máximo de pessoas possíveis, então criei meu evento com foco em *networking* chamado Conecte-se Rede de *Networking*. Comecei convidando alguns amigos, o Cleber Lopes e a Lilian Rocha, que são de marketing, para me apoiar e ajudar na divulgação. É um evento que aproxima as pessoas nos intervalos para o café e gera conhecimento com muitas palestras, que normalmente são feitas por influenciadores do LinkedIn.

Comecei em São Paulo, a "terra da garoa" e dos negócios. Conseguimos uma parceria com uma empresa de tecnologia local e tivemos cinquenta profissionais sedentos por *networking* e conhecimento, saciados com muitas palestras. Depois foi a vez do Rio de Janeiro. A Karla Redig, diretora de operações da Faculdade Facha, forneceu seu lindo auditório.

Quando meu evento começou a crescer, novos parceiros vieram abrilhantar o evento, empresas que queriam fazer par-

Capítulo 8

cerias: docerias, editoras, livrarias, serviços e locais para realizar o meu próprio evento. Enfim, foram ao todo quatro eventos e, em 2020, por causa da pandemia fizemos online, não foi a mesma coisa, sem contato físico, aperto de mão e nem abraços.

Foi assim que conheci a Franciane Bousfield em um evento no Rio de Janeiro, onde começamos a criar conexões! As oportunidades estão aí por todo lado, a gente só precisa saber como ter acesso a elas, essa foi a motivação para transformar a vida e a história das pessoas e que fez nascer o *Workshop Networking S/A*. Em tempos de automação e inteligência artificial, o *"face to face"* faz mais sentido para uma interação com as pessoas. Por meio de um dia totalmente interativo, com ferramentas e metodologias inéditas, as pessoas têm acesso a um conteúdo surpreendente, prático e saem de lá com uma rede de relacionamentos colaborativa estabelecida. E muitas parcerias foram firmadas, oportunidades foram geradas, contratos foram fechados.

É um evento feito para todos: profissionais de vendas, gestores, empreendedores, estudantes, profissionais liberais que desejam gerar mais resultados e parcerias para seus negócios e carreira, profissionais de empresas privadas. A diversidade do público que é alcançado é que torna o evento tão rico e relevante, pois ele é indicado para todas as pessoas que desejam viver uma experiência que irá mudar a sua forma de ver e pensar o *networking*.

Resultados que emocionam:

O *Networking S/A* transcende a esfera profissional. Ele tem um impacto e um apelo profundo na vida de centenas de pessoas que tiveram a oportunidade de realizar este treinamento. Claro, eles se sentem realizados ao receber depoimentos de pessoas que conseguiram alavancar carreiras e negócios, tiveram resultados mais efetivos, transformaram contatos em opor-

Networking nos eventos

tunidades, desenvolveram a competência de se relacionar melhor, ou até mesmo fizeram amigos. (Sim! Muitas amizades sólidas e duradouras começaram no *Networking S/A*). Mas o que deixa Franciane mais realizada com o projeto é saber que as pessoas aprendem que *networking* não é ativar um relacionamento quando se precisa de algo. E, sim, um estado permanente de ajudar antes de ser ajudado.

Eu sinto que é uma contribuição valiosa para tornar a sociedade mais fraterna. De fato, quando compreendemos que *networking* é um estado de espírito, estamos contribuindo para a construção de uma sociedade melhor.

Não se preocupe em fazer *networking*, seja um *networker*, gere valor para as pessoas ao seu redor e esteja preparado para receber muito mais do que você oferece ao mundo!

Quer atingir o seu público no próximo evento? Siga estas dicas:

1. **Ao se inscrever no evento**, faça um mapeamento das pessoas estratégicas que você quer conversar, procure-as no LinkedIn e comece a interagir com elas antes do grande dia, uma vez que você tem um norte, não ficará perdido no espaço. Assim vocês terão assuntos em comum para debaterem. Produza conteúdo. O LinkedIn é também uma rede para entregar valor e ajuda no seu marketing pessoal.

2. **Na hora da apresentação**, esteja pronto para dizer quem você é, qual o seu cargo, o que você faz e no que pode ajudar. Demonstre seus *cases* de sucesso, mostre como você alcançou um resultado, em vez de apenas exibi-lo. Se a sua imagem real contrastar com a sua imagem nas redes sociais, provavelmente isso será um pesadelo, mostre quem você realmente é tanto no online quanto no offline.

Capítulo 8

3. **Não seja tímido**, ou introvertido. Mas há diferença entre os dois? Sim. "Os introvertidos obtêm energia de ideias, lembranças, coisas do seu mundo interior mais que do mundo exterior", diz a classificação dos introvertidos do teste de personalidade Myers-Briggs[74], que se baseia nas teorias do psiquiatra suíço Carl Jung. Jenn Granneman, autora do livro The Secret Lives of Introverts ("A vida secreta dos introvertidos" em tradução livre) e fundadora do site Introvert, Dear, diz que "o introvertido prefere estar em ambientes calmos"[75]. Já o tímido tem preocupação excessiva com o próximo, tem medo de ser julgado, ele não consegue expressar os sentimentos e pensamentos de forma adequada, costuma não dizer a metade do que pensa. Seja solícito, sorria, escute mais, fale menos espere sua vez, mostre os seus diferenciais, conte com ajuda de amigos e se apresente com calma.

4. **Circule no evento**, não fique parado comendo no *coffee break*. Evite nessa hora as redes sociais em seu *smartphone*, conheça novas pessoas. Comece fortalecendo sua proximidade com pessoas que agreguem para seus negócios ou carreira. Pode ser convite para um café, uma conversa sobre interesses comuns ou até mesmo um *happy hour*.

5. **Tenha um cartão de visita com o QR code do seu perfil no LinkedIn.** Você tem que ser lembrado ou incluir aquele profissional tão desejado nas suas redes sociais para estreitarem laços.

---

74. Disponível em: <https://www.16personalities.com/br/teste-de-personalidade>. Acesso em: 17 jan. 2022.
75. Qual é a diferença entre ser tímido e ser introvertido?. BBC News Brasil, 7 jun, 2018. Disponível em: <https://www.bbc.com/portuguese/geral-44392088#:~:text=Jenn%20Granneman%2C%20autora%20do%20livro,prefere%20estar%20em%20ambientes%20calmos%22.>. Acesso em: 17 jan. 2022.

Networking nos eventos

6. **Passe apenas o tempo necessário,** foque nas pessoas estratégicas para você, seu tempo é precioso e do interlocutor também; no máximo cinco minutos são suficientes para uma apresentação e troca de cartões, depois vocês marcam um café. Não seja inoportuno ocupando o tempo da outra pessoa, até porque ela também vai falar com outros profissionais.

7. **Ajude outras pessoas.** Se você conhece duas pessoas que poderiam fazer negócios juntas, por que não as apresentar? Por que não ser a ponte entre elas? Então apresente-as. Isso também é uma vitória para você: é uma forma de entrega de valor, se algo de bom sair dali você se torna um padrinho, não é legal?

No final do evento

Acabou, foi intenso, foi proveitoso, mas chegou a hora do pós-evento. E aí?

Seja lembrado como um ímã, que aproxima pessoas, este é um ótimo incentivo para que os outros queiram se conectar a você, estar ao seu lado fazendo parte da sua rede de contatos. Quem quiser fazer novos contatos irá pedir a sua ajuda e aí você amplia seu *networking* também.

Deixe que as pessoas lembrem de você como referência no que faz, o seu esforço de *networking* não vai adiantar nada se você não for lembrado pelas pessoas que conhecer, de forma positiva, agregadora. Busque se aproximar de profissionais com muito conhecimento de mercado, depois comece estabelecendo interesses em comum. Ouça, não interrompa, não centralize a conversa, pois isso, com certeza, vai deixar uma péssima impressão. Demonstre que você estava realmente ouvindo.

Capítulo 8

Termine a conversa estendendo o convite para um café, combinando de ajudar a pessoa ou algo que estabeleça uma decisão de manter o contato fortalecido.

Networking x eventos: dá match!

Bianca Carvalho, gestora de marketing e especialista em eventos, apoiadora do Conecte-se acredita que, ao falar de eventos, consequentemente falamos de *networking*, não há como dissociar, pois qualquer ação que promova encontros e interações entre pessoas, mesmo que indefinidamente, vira um evento. E isso acontece nas ações que desempenhamos no dia a dia, em nossa própria rotina, e mal nos damos conta, é primeiramente com as pessoas de nossa convivência que desenvolvemos a mais potente "rede de *networking*".

Vou citar um exemplo prático: você pretende realizar uma reunião familiar para comemoração de aniversário de um filho. Num primeiro momento, já com a ideia do que você quer realizar, o que você faz? Normalmente perguntamos a parentes e conhecidos se tem algum profissional ou fornecedor para indicar. A referência acaba sendo um potente catalisador de *networking*, por meio dela expandimos nossa rede de contatos, tanto pelo lado de quem necessita do serviço, quanto do lado de quem fornece.

Por isso, o *networking*, ouso dizer, é a ferramenta mais importante quando se pensa em eventos. Ele movimenta os dois lados: oferta e demanda.

"*Networking* não se ensina, nem se aprende. *Networking* se vive". Trata-se, explica ele, da forma como a pessoa age no cotidiano para manter "aquecidas" as relações que considera importantes – e o que faz para trazer novas pessoas interessantes ao círculo de contatos.

Networking nos eventos

Essa visão holística e orgânica de *networking* é o caminho natural para que as pessoas se ajudem e colaborem umas com as outras de forma genuína, tanto no campo pessoal quanto no profissional. "É uma troca que inclui a expectativa mútua de equidade no relacionamento".

Bianca, que atua na área de eventos, afirma que fazemos *networking* o tempo todo. A forma como você trata o porteiro ou o manobrista é *networking*, pois contribui para a imagem que você vai construindo. Já vi muita gente quebrando a cara por ser arrogante quando está num determinado cargo e depois ter que pedir ajuda, porque o mundo dá voltas.

Networking é uma troca constante e produtiva, que não custa nada, é gentil e agradável. Não é algo para colocar numa planilha, com metas como "ligar para três pessoas na sexta-feira". Às vezes, ouço as pessoas dizendo "preciso fazer *networking*" como quem diz "preciso ir pra academia", como se fosse uma obrigação meio chata. Fazer *networking* não é obrigação nem tarefa, é uma forma de enxergar o mundo e de se relacionar com as outras pessoas. Adam Grant é um reconhecido estudioso na área de recursos humanos e autor dos livros *Dar e receber* e *Originais*. Daí que ele disse "se você odeia a ideia de fazer *networking*, não está sozinho" e "o *networking* sozinho leva a transações vazias, não a relacionamentos enriquecedores".

Suas conquistas mostram que você tem algo a oferecer em troca. Essa relação que impulsiona o *networking* e faz com que o evento dê certo. Quando se pensa em via de mão dupla, a produção do evento é sucesso, porque ao contatar bons profissionais, tanto eles, quanto você serão referência de trabalho bem-feito, a velha e boa cadernetinha é substituída por uma rede de contatos multiplicadora de ações, e quando você compartilha isso, de alguma forma você se posiciona e mostra valor, passa a ser referência de uma pessoa "bem relacionada".

Capítulo 8

E isso não é necessariamente conhecer apenas pessoas importantes, como líderes, é ter contato com pessoas representativas em sua área de atuação, com resultados positivos.

Suas conquistas só servirão para construir seu *networking* se as pessoas souberem o que você fez. Você precisa saber promover suas ideias — não você mesmo. E nessa "troca" é que se consolida o verdadeiro *networking*.

Tenho experiência com eventos desde 2009, tendo participado como espectadora e realizado como produtora os mais diversos tipos, e me sinto à vontade para afirmar que jamais teria conseguido sequer ter realizado o primeiro se não fosse a minha rede de *networking*. Olho para trás e vejo que foi literalmente uma escola, porque não há nada mais imprevisível do que uma produção de evento, por mais cuidado e planejamento que se tenha, ter uma "rede de apoio" é fundamental para que todos os problemas sejam sanados em tempo hábil.

E como espectadora, também vejo o valor do *networking* em ação, e mais ainda o aprendizado e a gama de experiências que estes me proporcionaram, muitas vezes com custo praticamente zero. Já fui vista como figura fácil nos eventos, dada a minha frequência e visibilidade, mas para quem não entende, essas participações me renderam conexões valiosas, trocas importantes e amizades que ficaram para a vida. Independentemente do que trocamos, ganhar amigos, efetivamente, é o melhor resultado de um *networking* genuíno.

Bianca ainda cita o **Conecte-se:**

> **Nesse exemplo cito o Conecte-se Rede de *Networking* idealizado pela autora, um dos mais expressivos em que tive oportunidade de participar, se não me engano participei de quase todos, e em todas as edições o cuidado com a estratégia de *networking* era observada,**

Networking nos eventos

o *timing* entre os *coffees*, até mesmo o menu degustação foi pensado para dar espontaneidade no tráfego das pessoas. Tudo isso aliado a palestras de alto nível, fez com que o evento se tornasse referência, sendo inclusive matéria de destaque no Jornal Folha Dirigida, o que elencou *lead* de busca em referência a *networking* no Google.

Esse resultado é consequência de um trabalho sério, consistente e comprometido com a qualidade, desenvolvido por anos de experiência pela Andréa Greco. Sigo e sou fã de suas dicas sobre recolocação, sua empresa Alcance Assessoria é uma das mais promissoras do mercado no momento.

Eis que quando tudo parecia bem... surge uma pandemia no meio do caminho. Indiscutivelmente, o setor de eventos e toda a sua cadeia foram um dos mais impactados.

É inegável que a pandemia afetou a rotina de toda a sociedade. Inúmeras medidas foram tomadas para que as atividades empresariais de alguma forma fossem mantidas, ainda que as autoridades determinassem o *lockdown*, ou seja, o bloqueio total da cidade.

Com o comércio praticamente fechado, o *networking* fez a diferença para diversos empreendimentos continuarem existindo. Já que uma rede de contatos ativa pode gerar novas oportunidades de negócios e ampliar as já existentes, especialmente em tempos de crise e distanciamento social.

O fato de os eventos sociais, como palestras, seminários, cursos, rodadas de negócios, *happy hour* e outros tipos de encontros presenciais terem sido suspensos não deve impedir a conexão entre as pessoas. Pelo contrário, agora é um momento de intensificar ainda mais o *networking*, mesmo que de forma virtual, e expandir os horizontes.

Capítulo 8

Além disso, é importante aproveitar as oportunidades que o isolamento trouxe, como a necessidade de se "pensar fora da caixa", para remodelar e expandir as atividades.

É tempo de transformação!

Muitos estão se reinventando, desenvolvendo e implementando novos canais de venda para seus produtos ou serviços, outros estão trocando de ramo. O importante é não ficar parado, acompanhar as mudanças do mercado e se adaptar a elas.

Promover troca de experiências, erros e acertos são fundamentais para inovar e se transformar, especialmente em tempos de crise, e isso pode ocorrer quando se tem uma boa rede de *networking* ativa. A palavra de ordem é: colaboratividade!

Com a necessidade do isolamento social, o acesso às tecnologias encurtou as distâncias, tornando possível a criação e o desenvolvimento de conexões com profissionais do entorno, de outros bairros, cidades, estados, regiões e até de outros países. Consequentemente e virtualmente, as fronteiras territoriais foram "extintas", proporcionando a possibilidade de expansão e crescimento dos negócios.

Além disso, o tempo e várias despesas para operações corporativas foram reduzidos com a utilização de salas de reuniões e conferências virtuais, com *lives*, *shows* a distância, trabalho remoto e outras atividades que vêm sendo realizadas digitalmente.

A pandemia já nos ensinou que, mesmo com as dificuldades que ela trouxe, é possível encontrar novas formas e meios de se adaptar, reinventar e inovar em vários campos e de diversas maneiras, inclusive na assistência ao cliente e no relacionamento com funcionários e fornecedores. Mas ela nos revelou ainda mais a força do *networking* e, principalmente, novas formas de cultivá-lo.

Networking nos eventos

É possível criar conexões na pandemia?

Em artigo para a Harvard Business Review[76], dois especialistas no tema afirmam que sim. Alisa Cohn, consultora de executivos de grandes empresas, e Dorie Clark, estrategista de marketing e professor da escola de negócios da Duke University, contam ter identificado uma série de estratégias para criar conexões na pandemia – e detalham três delas. A seguir, as sugestões da dupla:

Transforme eventos cancelados em encontros (virtuais) privados

O cancelamento de eventos não significa, necessariamente, que os encontros que ocorreriam nesses locais não podem ser realizados de outra forma. Alisa Cohn e Dorie Clark sugerem uma nova forma de olhar a programação de eventos a que você pretendia ir neste ano, mas que foram cancelados por causa da pandemia. Identifique entre cinco ou dez pessoas com as quais você gostaria de ter feito contato (sejam elas palestrantes na programação ou profissionais que estiveram no evento em edições anteriores), um ponto em comum entre vocês (o fato de terem estudado na mesma universidade, por exemplo) e faça contato por e-mail ou em uma mensagem via LinkedIn.

Assim como você planejava convidar essa pessoa para um café em um dos intervalos do evento, faça o mesmo nesse contato, sugerem os autores. Mas, em vez de um encontro presencial, ele pode ser via Zoom ou outra plataforma de vídeo/*chat*.

---

76. Três dicas para reforçar o *networking* sem eventos presenciais. Vida de empresa, 20 jun. 2020. Disponível em: <https://vidadeempresa.com.br/2020/06/25/dicas-networking-sem--eventos-pandemia/>. Acesso em: 17 jan. 2022.

Capítulo 8

Repense as limitações geográficas

Antes da adoção do trabalho remoto em escala global, estávamos habituados a manter mais ativos os contatos com pessoas fisicamente próximas de nós. Se, por um lado, é inviável hoje convidar alguém para uma conversa em *happy hour*, por outro, o isolamento nos lembra que podemos fazer esse convite a pessoas com as quais antes conversávamos mais raramente. O fato de elas morarem em outras cidades, estados ou mesmo países passa a ser um detalhe menor do que era antes da pandemia.

Convide executivos mais graduados para grupos de discussão

A crise atual levantou uma série de novas questões para os líderes empresariais, sejam elas o futuro do setor, a resposta da empresa a desafios específicos ou o futuro do trabalho no mundo. Esse debate pode ser feito em grupos informais (e, claro, virtuais). Se as primeiras conversas entre os participantes se mostrarem produtivas, para a próxima, considere chamar um executivo mais graduado (para ser um debatedor a mais ou apenas para fazer algumas considerações).

Uma dica: no mundo antes da covid-19, ter contato mais direto com um alto executivo de sua empresa poderia ser mais difícil, ou mesmo impossível. Agora, com muitos em *home office*, o cenário é outro. Mas é importante não atropelar a cultura da empresa ao tomar essa iniciativa. Se ela exige uma consulta prévia com um superior imediato para fazer o convite, é preciso seguir esse protocolo.

Networking nos eventos

Segundo André Coutinho, sócio-líder de Clientes e Mercados da KPMG no Brasil e na América do Sul; e Adriana Barreto, sócia-diretora de Market Intelligence da KPMG no Brasil, é possível que esteja existindo mais contato agora, virtualmente, se comparado a antes, justamente pela otimização do tempo e facilidade das ferramentas[77].

Troca de cartões: prática superada?

Instituições que são referência no mercado partem do princípio de que a redução dos eventos presenciais, em decorrência da pandemia, está atrapalhando a aproximação com pessoas que podem abrir portas para a carreira ou os negócios.

Além disso, reforçam a visão de que algumas pessoas têm dificuldades para buscar, por conta própria, a ampliação e o reforço da rede de contatos.

Diante disso, surgem algumas questões. Quando a pandemia passar, os eventos presenciais continuarão sendo tão importantes para o *networking*? A velha prática da troca de cartões terá ainda alguma relevância num mundo repleto de fontes de informação, formas de comunicação e canais possíveis para facilitar a aproximação com quem quer que seja?

Bianca Carvalho, que conheci no LinkedIn, acredita que a era do cartão de visita físico está acabando, e assim como vários outros processos, o coronavírus veio para acelerar este também. Entretanto, fazer e manter contatos estratégicos a distância ainda não é uma prática muito comum – mesmo sendo totalmente possível.

---

77. Cartão de visitas digital: como fazer *networking* em tempos de coronavírus. Amcham Brasil, 29 jun. 2020. Disponível em: <https://www.amcham.com.br/noticias/amcham-brasil/cartao-de-visita-digital-como-fazer-networking-em-tempos-de-coronavirus>. Acesso em: 17 jan. 2022.

Capítulo 8

"Temos que nos adaptar à situação e às tecnologias existentes hoje, que são extremamente funcionais e nos permitem ser inclusivos nesse 'novo' normal".

Bianca Carvalho

É fato que os eventos não serão mais como antes, assim como o mundo, mas o setor já está de olho nas inovações e nas tendências para acompanhar essa revolução, e mesmo que tudo mude, o seu ingrediente principal continuará sendo pessoas... e pessoas só fazem, participam e celebram eventos por meio de bom *networking*. E... deu *match*!

Capítulo 9

Auxiliando sua carreira

Segundo pesquisa realizada pela consultoria The Adler Group[78], em 2016, cerca de 85% das vagas de emprego foram preenchidas por meio de *networking*. O levantamento, realizado com aproximadamente 3 mil pessoas, também concluiu que muitas delas não possuíam as qualificações ideais para os cargos que ocupavam.

"Estou precisando de emprego, Andréa, e preciso fazer networking urgente!!!"

Querido seguidor, não vai ser assim do dia para a noite. Como mencionei ao longo do livro, o *networking* é a construção de um relacionamento, e não um passe de mágica. A base é a troca de informações, experiências e conhecimentos, além

---

78. Época Negócios, 2020.

Capítulo 9

de dar mais credibilidade e força às informações que estão sendo passadas em determinado segmento. Mesmo você tendo um currículo bom, contar com algum profissional que possa indicá-lo aumenta bastante suas chances de se recolocar.

Eu comecei a fazer *networking* dentro das empresas em que trabalhei, com meus clientes internos, gestores e diretores. Queria conhecer a empresa toda, ajudar pessoas e interligá-las às outras, fazendo uma ponte, sabe? À medida que amadureci, ampliei meu campo de visão e fui conhecendo os eventos, mostrando às pessoas meu conhecimento e também aprendendo com elas.

Em tempos de crises e pandemia, o poder do *networking* se torna cada vez mais importante, já que um processo de recolocação pode ser mais longo e difícil para alguns. Ele se torna uma validação da realidade dos candidatos a vagas de emprego em relação ao conhecimento e habilidades. Recrutadores e gerentes podem contar com redes de contato internas para encontrar e atrair potenciais candidatos, no entanto, algumas empresas atuam somente com indicação, não dando oportunidade para divulgação externa.

Para quem está buscando um emprego ou quer trocar de empresa, o *networking* pode ser importante para gerar novos contatos. Em vez de só ver vagas nos sites de empregos, converta-o em oportunidades.

Para se sobressair no mercado de trabalho e conseguir novas oportunidades, você precisa conhecer as pessoas certas, que estão dispostas a ajudá-lo, trocar ideias, conhecer outras áreas, gerar negócios, fazer parcerias e fomentar o seu crescimento profissional. Cada bate-papo é uma brecha para ampliar sua rede de contatos, não espere as oportunidades caírem do céu, crie-as e corra atrás.

Reciprocidade, sempre. É preciso ajudar essa pessoa agora de alguma forma, por gratidão...

Auxiliando sua carreira

A indicação pode ajudá-lo no processo de contratação. Um erro muito comum é desprezar qualquer interação seja nas redes sociais, em eventos ou até mesmo recusar ajuda de outros colegas que já trabalharam com você. Muitos profissionais só procuram outras pessoas quando pensam em trocar de empresa, e é aí que cometem um engano.

O profissional não o indicará para uma vaga ou para uma empresa sem conhecer seu trabalho, suas competências técnicas e comportamentais, até porque a outra pessoa que está o indicando está carimbando o próprio nome na indicação. Construir um *networking* leva tempo e confiança, não é simplesmente uma relação estabelecida no momento em que você precisa.

> *"Tenho relacionamentos próximos com quem já trabalhei, especialmente meus chefes. Continue atualizando as pessoas com quem você trabalhou bem e que reconhecem seu trabalho, elas vão te buscar."*
>
> **Adriana Lynch,**
> CEO da Pozzani & Associates

Em suma, construir uma boa rede de contatos e manter um bom relacionamento ajuda, e muito, na qualidade e satisfação no trabalho, para atingir os objetivos esperados na sua carreira. Seja útil, ajudar genuinamente é uma forma de mostrar interesse em fortalecer o relacionamento com a sua rede e mantê-la aquecida.

Na sua recolocação

"Andréa chegou a hora de procurar um novo emprego, por onde começo a fazer os meus contatos?"

Para iniciar, você deve estabelecer contatos com base em níveis de confiança. Mostre em suas redes sociais que está em

Capítulo 9

busca de novos desafios, nunca fale mal das empresas em que já atuou, mostre gratidão pelas suas passagens. Muito cuidado ao abordar alguém para não ser invasivo e perder uma oportunidade de conquistar a confiança daquele contato.

Esteja presente online, utilize o LinkedIn sabiamente, compartilhe seu conhecimento, interaja, troque indicações sobre livros, procure eventos e *lives* regularmente, demonstre seu interesse em participar. Essas são atitudes muito positivas, que lhe darão mais visibilidade. Demonstre o seu esforço para melhorar o relacionamento com as pessoas e se posicionar como referência para o assunto que domina. Esse conhecimento é valioso para outras pessoas, para o seu crescimento e para os seus potenciais empregadores.

Não foque seu objetivo em quantidade e, sim, em relevância. O que você realmente quer? Não há como saber quanto tempo pode durar a procura por emprego: pode ser semanas, meses ou até anos para alguns profissionais. Temos uma alta demanda, com índices altíssimos de desemprego. O poder do *networking* está justamente aí, na sua rede de contatos, que pode auxiliá-lo na busca incessante por um emprego, que, muitas vezes, pode levar à depressão, crises de ansiedade e tiram você do seu foco.

Quando você amplia e aquece essa rede de contatos, também pode melhorar sua vida social, quando você está disposto a conhecer novos profissionais. Você pode até contar com a ajuda de sites pessoais de profissionais, bem como mídias sociais para potencializar sua recolocação. Encontros com pessoas (mesmo que virtuais, já falamos disso anteriormente), cafés, almoços, jantares em restaurantes podem ser um bom meio para convidar sua conexão para estreitar laços virtualmente.

Foque no seu interesse e interaja diariamente com outros profissionais por e-mails, redes sociais, café online, grupos, *lives*, cursos online, bate-papos virtuais. Assim você ficará atualizado e conhecerá mais contatos para ampliar a sua rede, além de ter acesso a indicações e oportunidades. Misture sempre online e offline.

Com a ajuda da tecnologia, relacionamentos estratégicos tiveram mais espaços nas redes sociais, o mundo virtual ajuda e muito a construir um *networking* direcionado, mas depois disso nada melhor do que um bom cafezinho com aquela pessoa. Mesmo com as restrições impostas pela pandemia do novo coronavírus, com o devido cuidado esse momento chegará.

> *"A verdade é que nos dias de hoje não dá para encontrar todo mundo da rede de relacionamento sempre. Por isso, telefone, WhatsApp, e-mail e redes sociais também são bastante eficientes."*[79]
>
> **Adriana Fonseca,**
> jornalista.

Não adianta entrar no Facebook ou LinkedIn, adicionar todo mundo, mandar seu currículo e pedir para compartilharem seu perfil. Tem que ter um propósito, um objetivo para adicionar um determinado profissional, não só propósito e, sim, saber como abordar estas pessoas. Eu brinco muito com os meus clientes que temos que "comer pelas beiradas", iniciar um diálogo, veja o que vocês têm em comum e só depois fale sobre vagas emprego.

A árvore frutífera

A árvore é um símbolo de fertilidade e dá bons frutos se bem cuidada, assim como o *networking*. Falamos de plan-

---

[79]. FONSECA, Adriana. *Networking*: o que é e para que serve. Robert Half Blog, 4 set. 2019. Disponível em: <Disponível em: <https://www.roberthalf.com.br/blog/carreira/networking-o-que-e-e-para-que-serve>.. Acesso em: 17 jan. 2022.

Capítulo 9

tar e cuidar no Capítulo 3, e olha a metáfora aqui de novo... Como cuidar dessa árvore?

1. **Escolha o tipo da árvore e o local do seu nascimento;**
2. **Cuide do solo;**
3. **Regue;**
4. **Proteja das suas pragas;**
5. **Tenha paciência;**
6. **Cuide com carinho.**

Vamos fazer um exercício?

Percebo que muitas pessoas ficam sem graça de retomar seus antigos contatos depois de muito tempo, especialmente quando estão fora do mercado de trabalho e buscando um novo emprego. Não tenha medo, mostre interesse por aquele determinado profissional de qualquer forma.

Liste dez contatos que você gostaria de ter acesso e faça uma lista de todas as pessoas que você conhece, contatos importantes que possam ser reativados, amigos de infância, colegas com quem já trabalhou, conhecidos do clube/academia, colegas de trabalho, colegas do curso de idiomas, contatos que vivem perto da sua casa, entre outros. Depois, ligue as pessoas que você conhece e as pessoas que você mais quer conhecer.

Mas é preciso ativá-los e cultivá-los para continuar dando frutos, como a árvore. Não basta acionar seus bons contatos apenas quando você precisa deles, como ocorre em 99% dos casos, assim você se queima e só perde uma grande oportunidade de conseguir uma recolocação ou negócio. Cultivando conexões genuínas, você só tem a ganhar, além de causar boa impressão e começar a ter referências por onde passar. Essa sociabilidade é muito importante, porque ela aumenta a sua capacidade de formar grandes relacionamentos pessoais e profissionais.

Lembre-se de uma coisa: cerca de 80% dos recrutamentos ocorrem por indicação, utilizamos muito nossas redes de relacionamentos para buscar profissionais qualificados para ocupar uma vaga. Tenha certeza de que, muito mais do que um bom currículo, um bom contato pode abrir as portas para o seu tão sonhado SIM.

Lembre-se: você não consegue nada sozinho!

Dicas para ser mais assertivo na sua carreira

"80% do sucesso consiste em se fazer presente."
Woody Allen

Para um resultado positivo, você deve estar com a atenção focada em pessoas que você vê potencial de relacionamento próspero, com indicações de empresas ou oportunidades futuras.

Mapeie sua rede de contatos, defina ações para potencializar e qualificá-la, conte com a ajuda de profissionais mais próximos para aumentar conexões eficazmente, interaja, procure informações dessa pessoa para começar a puxar assunto e ver o que vocês têm em comum.

Para ter sucesso nessa busca, você deve:

- **Excluir aqueles contatos que buscam você somente quando precisam resolver algum problema, os interesseiros;**

Capítulo 9

- **Afastar-se de pessoas negativas;**
- **Saber identificar aquelas pessoas que podem criar uma via de "mão dupla";**
- **Fazer conexões com outras conexões suas;**
- **Refletir sobre o que você pode oferecer;**
- **Organizar seus contatos por nível de confiança.**

Desenvolvendo a carreira

Os candidatos podem usar o tempo ocioso para trabalhar em grupos profissionais, como no LinkedIn, grupos de WhatsApp etc. Geralmente, esses grupos proporcionam orientações aos profissionais sobre educação continuada e desenvolvimento de carreira, além de contato com outros que têm o mesmo objetivo que o seu.

Quando você conhece e interage com pessoas estratégicas, tem acesso a vagas e a oportunidades incríveis. Interaja com profissionais do seu cursinho, graduação, com os professores e outros profissionais da sua área e de fora também. Busque pontos em comum entre você e a pessoa que está do outro lado, veja se tem conexões e áreas em comum, assim já pode começar um diálogo mais assertivo e direcionado.

Seja você mesmo, verdadeiro, pois o mundo corporativo é muito pequeno, qualquer passo em falso, acabou.

Conheça outras áreas de atuação, assim você amplia o seu conhecimento e mais pessoas o conhecem, enfim, o *networking* também lhe dará uma vantagem competitiva em todas as etapas de sua carreira.

O *networking* o ajuda a criar confiança, a se posicionar continuamente, traz relacionamentos mais duradouros, pode se estender do âmbito profissional para o pessoal, con-

Auxiliando sua carreira

cretizando mais esse relacionamento forte. Não deixe de acompanhar as suas redes sociais, peça dicas e opiniões de pessoas que você confia e admira para poder ajudá-lo, é uma forma de estar sempre conectado a oportunidades e possíveis oportunidades de expansão profissional. Você mesmo pode ajudar outras pessoas, elas podem retribuir com alguma indicação de oportunidade ou informação relevante para seu plano de carreira, ganha ele e ganha você.

Manter e ampliar sua rede de contatos traz diversas vantagens, como aumentar sua influência, trazer mais visibilidade, acelerar sua recolocação, possibilitar novas experiências, parcerias e o ajudar a crescer na empresa.

Como fazer networking com os headhunters?

O *headhunter* tem um excelente *networking*, uma base de contatos sólida com quem ele pode trocar informações, pedir indicações e encontrar pessoas que têm o perfil adequado para fechar suas vagas. Ele é bastante procurado por profissionais, na maioria executivos que buscam por um novo trabalho.

Outro ponto importante: ele poderá abordá-lo para alguma posição confidencial, que está em aberto. Muito cuidado para que a ansiedade não tome conta e estrague tudo, tenha paciência. Quando a vaga é confidencial, pode ser uma substituição de um funcionário que ainda não foi informado do desligamento e, no primeiro momento, não serão divulgadas informações como nome da empresa, segmento, porte etc., mas você saberá no momento oportuno. Adicionar um *headhunter* em sua rede social é superpositivo. Mas bom senso é tudo.

Capítulo 9

1. Foque nas empresas que gostaria de trabalhar;
2. Adicione os recrutadores dessa empresa;
3. Aborde sempre com educação, agradecendo a conexão;
4. NUNCA envie a mensagem "Segue meu CV";
5. Crie um relacionamento;
6. Seja acessível, coloque no campo "Sobre" seu e-mail de contato;
7. Participe ativamente da rede;
8. Aumente a sua visibilidade;
9. Não saia atirando para todos os lados. Foco!
10. Interaja na rede, não fique parado.

No LinkedIn não é diferente

Peça recomendações (indicações) para os profissionais que já trabalharam com você, elas são um endosso à sua qualidade profissional. Mostre ao recrutador confiança no seu trabalho. Pesquise páginas de empresas que lhe interessam e encontre nomes de pessoas no departamento em que gostaria de trabalhar, personalize as mensagens quando enviar um pedido de conexão ou agradecimento explicando os motivos do contato e o interesse no profissional.

Quando estabelecer uma conversa com o recrutador, é preciso tomar muito cuidado com a linguagem. Não transforme um simples diálogo sobre a vida e os negócios em um monólogo sobre as suas qualidades. Deixe claro que está na rede para agregar com seu conteúdo. E, se ele não o responder, não leve para o lado pessoal.

Mantenha seu perfil vivo, ativo, atualizado, assim ele ficará mais atrativo e será visto. O ideal é que o usuário entre todos os dias, compartilhando artigos, notícias e fazendo *posts*. Interaja!

Auxiliando sua carreira

Mandar seu currículo para a posição sem nenhum relacionamento anterior é um erro comum, e é muito grave. Crie um relacionamento, conforme já abordei neste livro. Comece a compartilhar, comentar os *posts* e fique à disposição, assim lembrarão de você.

É muito importante cultivar seu *networking*, seja visto para ser lembrado, não descarte ninguém, seja simpático, gentil, paciente e receptivo com todos que você conhece e que ainda irá conhecer. Veja a rede sempre como uma oportunidade de conhecer pessoas interessantes e que vai ampliar o seu horizonte. Não se limite ao objetivo de curto prazo de encontrar um emprego, invista em relacionamentos duradouros que você pode levar para a vida.

Sites de emprego, quais são os melhores e os mais confiáveis?

De acordo com o Canaltech[80], os melhores sites de emprego gratuitos são:

InfoJobs[81]

O InfoJobs é um dos melhores sites de emprego gratuitos para encontrar vagas em seu ramo. Ele tem parceria com grandes empresas como TIM, Bradesco e Locaweb e conta com quase 300 mil vagas e mais de 200 mil companhias cadastradas.

Usar o InfoJobs para encontrar um emprego é bem simples, basta acessar o site, digitar um cargo, filtrar a lo-

---

80. VELASCO, Ariane. 10 sites de emprego gratuitos para você enviar seu currículo. Canaltech, 13 abr. 2020. Disponível em: <https://canaltech.com.br/empregos/melhores-sites-emprego-gratuitos/>. Acesso em: 17 jan. 2022.
81. Disponível em: <https://www.infojobs.com.br/>. Acesso em: 17 jan. 2022.

Capítulo 9

calidade das vagas exibidas e clicar em "procurar vagas". Vale lembrar que, para se candidatar, você deve ter um CV cadastrado. Isso pode ser feito clicando no botão laranja, no canto superior direito da tela.

Ele também mostra cursos disponíveis perto de você com base em seu CEP, mas que podem não ser gratuitos. Para usar a versão mobile, é só baixar o *app* disponível para Android.

Trabalha Brasil[82]

O site Trabalha Brasil é um site de empregos gratuito que conta com mais de 900 mil vagas em todo o país. As buscas podem ser filtradas por área, estado ou média salarial e, assim como na maioria dos sites, basta digitar uma função e uma cidade ou estado para concluir a busca por empresas disponíveis em seu ramo. Seu currículo pode ser cadastrado gratuitamente.

Vagas.com[83]

Outro site de emprego muito famoso e que pode ser acessado gratuitamente é o Vagas.com. Além de permitir a busca por empresas perto de você e que tenham vagas em sua área de atuação, ele também possui filtros para PCD Pessoas com Deficiência (PCD), estágios e vagas no ramo da tecnologia.

Para fazer sua busca, basta digitar um cargo, área ou empresa e clicar no ícone de lupa. No entanto, você deve antes fazer o seu cadastro, clicando no botão azul no canto superior direito da tela.

---

82. Disponível em: <https://www.trabalhabrasil.com.br/>. Acesso em: 17 jan. 2022.
83. Disponível em: <https://www.vagas.com.br/>. Acesso em: 17 jan. 2022.

Auxiliando sua carreira

Indeed[84]

Se o que você deseja é um site de emprego que disponibilize avaliações de empresas por parte dos trabalhadores, além de salários visíveis e perguntas esclarecidas, com certeza o Indeed é uma boa opção.

Para usar o serviço, basta acessar o site e clicar em "acessar", no topo da tela. Em seguida, você poderá cadastrar seu currículo usando seu e-mail ou até a conta do Google/Facebook. O site também tem um aplicativo que pode ser baixado na Google Play Store.

Maturi[85]

Tem um serviço especializado em vagas para profissionais com 50+. Segundo o site, as oportunidades selecionadas são "trabalhos de todos os tipos, que valorizam a experiência das pessoas maduras". Seu cadastro é gratuito. O site oferece dicas sobre *networking* e entrevistas de emprego para profissionais nessa faixa etária.

Seu objetivo é engajar todos os setores e criar oportunidades, tanto por meio de informação quanto de cursos, eventos e muita inspiração, ajudando empresas e profissionais competentes a conseguirem uma recolocação.

Emprega Brasil[86]

O Emprega Brasil é o site de empregos do Governo Federal. Para encontrar vagas é necessário informar todos os dados pessoais que serão usados em todas as bases do Governo — por isso, é importante que não exista nenhuma

---

84. Disponível em: <https://br.indeed.com/>. Acesso em: 17 jan. 2022.
85. Disponível em: <https://www.maturi.com.br/>. Acesso em: 17 jan. 2022.
86. Disponível em: <https://empregabrasil.mte.gov.br/>. Acesso em: 17 jan. 2022.

Capítulo 9

divergência. Em seguida, o trabalhador deve responder um questionário com cinco perguntas e, a partir daí, já pode procurar por vagas de emprego em sua área.

Para fazer seu cadastro, acesse o site do Emprega Brasil e selecione a opção "vagas de emprego" no menu do lado esquerdo da tela. Em seguida, é só continuar com o cadastro. Além de vagas, o site também permite acessar notícias sobre emprego e economia, dúvidas frequentes e outras opções, tanto para trabalhadores quanto para empresas.

BNE (Banco Nacional de Empregos)[87]

O BNE é um site de empregos que conta com mais de 400 mil vagas em diversas áreas. Ele permite encontrar uma vaga com base em sua função ou localização.

Para cadastrar o currículo gratuitamente basta acessar o site e clicar em "entrar" no canto superior direito da tela. Em seguida, é só selecionar a opção "cadastrar currículo" e seguir com o preenchimento de seus dados. Ele também mostra as últimas vagas que foram cadastradas e quais costumam ser as mais buscadas.

Deficiente Online[88]

O Deficiente Online é um site de empregos exclusivo para Pessoas com Deficiência (PCDs) que têm dificuldade para encontrar vagas. Com opções nos mais diversos segmentos, é possível filtrar as buscas no menu do lado esquerdo da tela, escolhendo entre estado, cidade, setor, tipo de deficiência e palavras-chave que possam mostrar resultados ainda mais precisos. As empresas parceiras do site são Ambev, Polishop, EY e SmartFit.

---

87. Disponível em: <https://www.bne.com.br/>. Acesso em: 17 jan. 2022.
88. Disponível em: <https://www.deficienteonline.com.br/>. Acesso em: 17 jan. 2022.

Auxiliando sua carreira

LinkedIn[89]

O LinkedIn não segue os exatos moldes de um site de empregos comum, já que funciona mais como uma rede social para pessoas nas mais diversas áreas profissionais. No entanto, sabendo utilizá-lo é possível encontrar boas oportunidades, uma vez que seu formato é ideal para o bom e velho "*networking*". Além disso, o site também conta com a seção "vagas", onde é possível acessar ofertas de emprego de qualquer lugar do mundo, mesmo sem ser assinante da conta *premium*.

Emprego Ligado[90]

Outra boa opção de site de empregos é o Emprego Ligado, que oferece vagas em diversos setores e tem um aplicativo disponível para *smartphones* Android. Para cadastrar o seu currículo, é só acessar o site e clicar em "cadastre-se já".

A partir daí, você poderá acessar todas as empresas disponíveis em sua região. Um diferencial desse site está na opção de receber vagas pelo WhatsApp, o que pode aumentar suas chances.

Go Vagas[91]

O GoVagas também é uma opção de site de empregos gratuito que oferece vagas em todo o território nacional. Para começar a usá-lo e salvar seu currículo é só clicar em "entrar" e fazer login com uma rede social. Caso prefira, o cadastro pode ser feito com seu e-mail. Voltado para as vagas operacionais, auxiliar e administrativo.

---

89. Disponível em: <https://www.linkedin.com/>. Acesso em: 17 jan. 2022.
90. Disponível em: <https://www.empregoligado.com.br/pt-br/>. Acesso em: 17 jan. 2022.
91. Disponível em: <https://www.govagas.com.br/>. Acesso em: 17 jan. 2022.

Capítulo 9

Folha Dirigida[92]

Tem uma variedade de vagas e matérias muito importantes para você potencializar sua recolocação.

99Jobs[93]

A 99 Jobs se descreve como uma plataforma de relacionamento com o trabalho. Semelhante ao Vagas. com, o site permite o cadastro de currículos gratuitamente, com mecanismos de busca de acordo com o perfil do candidato.

Durante o período de pandemia, o site realizou recrutamentos totalmente online. Segundo informações da empresa, cerca de 150 mil currículos já foram cadastrados, uma concorrência de 30 candidatos por vaga.

Trampos[94]

Segundo o site da empresa, ela se estabeleceu em 2013, evoluindo de uma conta no Twitter para uma robusta plataforma que ajuda milhares de profissionais a vencerem em suas carreiras, seja mantendo-os informados sobre o mercado, desenvolvendo suas habilidades ou encontrando uma nova oportunidade de emprego. Para as empresas à procura de profissionais, a Trampos oferece todas as ferramentas necessárias para que este processo seja prático e eficiente. É possível abrir e divulgar suas vagas para mais de 500 mil profissionais cadastrados na plataforma, fazer buscas ativas na base de especialistas e gerenciar todos os

---

92. Disponível em: <https://folhadirigida.com.br/>. Acesso em: 17 jan. 2022.
93. Disponível em: <https://www.99jobs.com/>. Acesso em: 17 jan. 2022.
94. Disponível em: <https://trampos.co/>. Acesso em: 17 jan. 2022.

processos de seleção por meio da plataforma. Para apoiar o *employer branding* e o processo de recrutamento contínuo nas empresas que utilizam a Trampos, elas contam com uma página de carreiras personalizada para atrair talentos interessados.

Cia de Talentos[95]

Está há 30 anos no mercado e conecta os melhores talentos com vagas de estágio e *trainee* no Brasil e na América Latina. Dá suporte no processo de seleção para as empresas, apresenta conteúdos relevantes e atua com vagas nacionais e internacionais.

APinfo[96]

O site tem um banco de dados extenso com vagas em diversos setores da área de tecnologia da informação. O cadastro de currículo é gratuito e você filtra as vagas pelas palavras-chave, currículo ou código da vaga.

Profissionais TI[97]

Está no mercado desde 2008 para que sejam divulgadas informações relacionadas à Tecnologia da Informação (TI). De acordo com o site, o público conta com um conteúdo diversificado por meio de artigos que abordam a parte técnica, carreira, certificações e outros segmentos. Além disso, existem serviços para divulgação de vagas de emprego, eventos e classificados.

---

95. Disponível em: <https://www.ciadetalentos.com.br/pt/>. Acesso em: 17 jan. 2022.
96. Disponível em: <https://www.apinfo.com/apinfo/>. Acesso em: 17 jan. 2022.
97. Disponível em: <https://www.profissionaisti.com.br/>. Acesso em: 17 jan. 2022.

Capítulo 9

NerdIn[98]

A NerdIn existe desde 2016 e oferece serviços gratuitos, tanto para profissionais como para empresas. O site oferece trabalhos *home office* e *freelancer*, o que é uma boa opção para quem deseja flexibilidade e, claro, fugir do trânsito dos centros urbanos.

GeekHunter[99]

Empresa de Florianópolis, fundada em 2015, seu site é voltado para programadores e desenvolvedores. Conforme informações do site, oferece ferramentas como inteligência artificial e *machine learning* usadas em conjunto com os conceitos mais atuais de recrutamento, que garantem o sucesso dos clientes e parceiros.

É só preencher todas as lacunas do perfil e passar por um teste. Se aprovado, seu perfil ficará disponível para as empresas. E tem mais, você pode receber bônus por isso!

Remote/ok[100]

Nesse site, as empresas anunciam vagas presenciais ao redor do mundo, mas o forte são as vagas para projetos remotos. Vale a pena para quem quer fazer um *freelancer* e somar uma renda extra.

Sites para conseguir vagas de estágio

CIEE[101]

Uma plataforma sem fins lucrativos que disponibiliza diversos programas, dentre eles, o de aprendizagem e

---

98. Disponível em: <https://www.nerdin.com.br/>. Acesso em: 17 jan. 2022.
99. Disponível em: <https://www.geekhunter.com.br/>. Acesso em: 17 jan. 2022.
100. Disponível em: <https://remoteok.io/>. Acesso em: 17 jan. 2022.
101. Disponível em: <https://portal.ciee.org.br/>. Acesso em: 17 jan. 2022.

o estágio de estudantes, adolescentes e jovens. Os estudantes podem cadastrar seus currículos gratuitamente no site, mas seu primeiro contato e o processo seletivo são realizados pela empresa.

Fundação Mudes[102]

Também é uma instituição sem fins lucrativos, podendo se inscrever gratuitamente para vagas de estágio, jovem aprendiz e *trainee*, tendo descontos em cursos e empresas afiliadas.

Nube[103]

De acordo com a Nube, o sistema deles já permitiu a colocação de mais de 950 mil estudantes e aprendizes no mercado, desde 1998. O banco de dados tem 6 milhões de currículos cadastrados.

Super Estágios[104]

A agência não apenas divulga as vagas e faz a ponte entre o candidato e as empresas, como também realiza processos seletivos e recruta estagiários. Para estudantes, o cadastro é gratuito.

Empresas com processo seletivo mais completo

Revelo[105]

É a maior empresa de tecnologia no setor de recursos humanos da América Latina, oferecendo uma plataforma de recrutamento e seleção que conecta candidatos

---

102. Disponível em: <https://www.mudes.org.br/>. Acesso em: 17 jan. 2022.
103. Disponível em: <https://www.nube.com.br/>. Acesso em: 17 jan. 2022.
104. Disponível em: <https://www.superestagios.com.br/index/>. Acesso em: 17 jan. 2022.
105. Disponível em: <https://www.revelo.com.br/>. Acesso em: 17 jan. 2022.

Capítulo 9

às vagas de forma ágil e humanizada. A *startup* já arrecadou mais de 90 milhões de reais em rodadas de investimento e se tornou a empresa mais investida do setor na história do Brasil. O cadastro é grátis para os candidatos e ainda conta com a inteligência artificial para fazer uma pré-seleção de quem quer concorrer a uma vaga.

Gupy[106]

De acordo com o site da Gupy, você agiliza a requisição de vagas, divulga suas oportunidades nos principais portais de emprego do Brasil e qualifica seus candidatos com dezenas de testes online prontos. Além disso, você simplifica a admissão digital dos novos colaboradores em um só lugar. O *software* utiliza uma inteligência artificial denominada Gaia, para analisar o currículo dos candidatos e definir quem está dentro ou não para as vagas anunciadas por empresas.

Kenoby[107]

Ajuda as empresas nas contratações, divulgação de vagas, cadastro de candidatos, *dashboards*, entre outros. De acordo com o site, é um *software* que otimiza o controle do processo seletivo. Facilita desde as etapas iniciais, como a requisição de vagas pelos gestores de linha, até as etapas finais, como a mensuração das métricas e indicadores da contratação. Dentre as principais funções dessa tecnologia, é possível destacar: requisição de novas vagas, veiculação de forma centralizada nos principais portais de vaga, triagem automatizada dos candidatos com base nas competências, criação de cronogramas para as atividades seletivas, mensuração dos principais indicadores de recrutamento e seleção.

---

106. Disponível em: <https://www.gupy.io/>. Acesso em: 17 jan. 2022.
107. Disponível em: <https://kenoby.com/>. Acesso em: 17 jan. 2022.

Auxiliando sua carreira

Bônus: quer ser encontrado nos sites de vagas de emprego?

Quer que a IA (Inteligência Artificial) encontre seu CV? Conversei com meu amigo David Costa, recrutador parceiro da Relevo Prime, sobre o modelo de currículo que os candidatos devem enviar aos sites de emprego.

Opções para serem enviadas: PDF ou .doc

NUNCA: formato Canva ou outro modelo que salve como imagem.

Outros pontos para destacar no currículo:

- **Esteja consciente dos filtros e das palavras-chave da sua área;**
- **Experiências relevantes ao cargo pretendido;**
- **Demonstre detalhes de cursos e áreas de conhecimento;**
- **Atualize sempre seu currículo;**
- **Use as redes sociais ao seu favor e amplie contatos.**

Penso que nenhuma ferramenta será suficiente se você não "trabalhar" sua *persona*. Sim, trabalhar, porque buscar emprego ou novas oportunidades requer trabalho, muito trabalho, tanto quanto quando se está empregado. E esse trabalho tem que ser estratégico, bem planejado, com foco e determinação, entendendo que a oportunidade se cria, o sucesso se conquista.

Este livro não é um manual, portanto, tenha em mente o que realmente se adéqua a sua realidade, ao seu momento. Com essa percepção, tenho certeza de que muitas das dicas mencionadas ajudarão de algum modo a encontrar, ou, pelo menos, abrir o caminho para o tão esperado "sim" que você almeja.

Capítulo 10

Você sabe criar a sua marca?

Entende-se por marketing a construção da imagem de uma pessoa para influenciar outras pessoas ou até mesmo empresas. É por meio do marketing que você vai apresentar ao mercado seus produtos ou serviços.

Existem várias maneiras de se trabalhar o marketing; neste capítulo, vou ajudá-lo com dicas de como desenvolver a melhor forma para vender sua imagem.

Para chegar ao conceito de marketing pessoal, vamos primeiro entender o que é marketing. Segundo Kotler (2006) "Marketing é um processo social e gerencial pelo qual indivíduos e grupos obtêm o que necessitam e desejam através da criação, oferta e troca de produtos de valor com os outros."[108] Observa-se que as interações do marketing são, efetivamente, rea-

---

108. KOTLER, P. KELLER, K. L., Administração de marketing. 12. ed. São Paulo: Pearson Hall, 2006. 750p.

Capítulo 10

lizadas com a sociedade e o marketing pessoal não foge desse conceito, pois, se alguém busca resultados, estes chegarão por meio de um benefício realizado a um terceiro.

No conceito de marketing pessoal, é necessário entender o que é marketing e como se pode adaptá-lo a uma pessoa. Segundo Ray Corey (1991), "o marketing consiste em todas as atividades pelas quais uma empresa se adapta a seu ambiente, de forma criativa e rentável".[109]

Quando se coloca a empresa como uma pessoa, esta também deve se adaptar ao ambiente de mercado que oferece oportunidades e ameaças diariamente e, mesmo frente a diversos fatores, o indivíduo deve obter resultado para com ele e para terceiros, sejam estes pessoas ou organizações.

Ampliando o conceito de marketing, reproduzimos a frase do professor Peter Drucker, consagrado analista do ambiente empresarial (1998) e guru da administração de negócios:

> **O marketing é tão básico que não pode ser considerado uma função separada. É o negócio, como um todo, visto do ponto de vista de seu resultado, isto é, do ponto de vista do consumidor. O sucesso da empresa não é determinado pelo produtor, mas pelo consumidor.**[110]

De acordo com o professor norte-americano David A. Aaker, especialista em marketing e autor de diversos livros na área, *branding* é definido como: "Conjunto de ativos e obrigações ligados à marca, seu nome e logotipo: aquilo que acrescenta ou subtrai valor a um produto ou serviço para a empresa e seus clientes."[111]

---

109. COREY, E. Raymond. Industrial marketing: cases and concepts. New York: Prentice Hall, 1991.
110. DRUCKER, Peter. Introdução à administração. São Paulo: Thomson Pioneira, 2001.
111. AAKER, David A. Marcas: brand equity: gerenciando o valor da marca. Falta cidade. Gulf Professional Publishing, 1998.

Você sabe criar a sua marca?

Por que devo criar uma marca pessoal?

A construção de uma marca pessoal abre ótimas oportunidades profissionais para conseguir um trabalho, estabelecer bons contatos, atrair clientes, fazer parcerias, ser reconhecido na sua área de atuação e ser um influenciador de pessoas ou marcas. Pessoas fazem negócios com pessoas, lembre-se disso, da importância do relacionamento.

Grandes empresas têm pessoas como referência que servem para avançar na missão de sua marca. Grandes líderes são *experts* em *personal branding*. Apple tinha Steve Jobs; Magazine Luiza, Luiza Trajano; Cacau Show, Alê Costa; Facebook, Mark Zuckerberg, e assim por diante.

Para Ana Nieto, autora do livro *Succeed with your e-book*, "a marca pessoal é construída com base em conteúdo compartilhado na Internet e que oferece valor a um grupo específico de pessoas. Essas 'pessoas' são o seu público-alvo; seus futuros clientes".

O seu currículo também é uma forma de vender sua imagem para as empresas através de sua história profissional. Ele é o seu primeiro contato com o recrutador.

Aposte no *personal branding* e escolha assuntos que domina para relacionar à sua marca pessoal, transformando em mensagem para que a sua audiência aprenda com você.

Conheça seu público-alvo, saiba quem você deseja alcançar. Conheça quem são os profissionais que você vai ajudar ou vender. Faça estas perguntas internamente:

- **O que você faz?;**
- **Para quem você faz?;**
- **Por que você faz isso bem?;**
- **Qual é o seu maior objetivo em sua carreira?;**

Capítulo 10

- Qual é a sua missão pessoal?;
- Quais as suas maiores habilidades, competências e como isso pode alavancar seu negócio?

"Sua marca pessoal é o que as pessoas dizem sobre você quando você não está na sala."

Jeff Bezos, CEO da Amazon[112]

Imagem: site freepik.com

Como criar um legado profissional?

"É preciso CORAGEM para se posicionar e definir quem você é e a que veio."

Mahatma Gandhi[113]

---

112. Disponível em:<https://www.opet.com.br/blog/interna/branding=-pessoal-voce-e-sua-marca#:~:text-%E2%80%9CSua%20marca%20pessoal%20%C3%A9%20o,se%20tornar%20relevante%20no%20mercado>. Acesso em: 19 jan. 2022.
113. Disponível em: <https://www.geledes.org.br/12-frases-inspiradoras-sobre-coragem-de--grandes-nomes-da-historia/>. Acesso em: 19 jan. 2022.

Você sabe criar a sua marca?

Imagine daqui a uns 50 anos, por exemplo. Como você será lembrado? Como alguém que fez algo memorável e serve de exemplo para os outros? Como referência no que faz?

Não tem nada a ver com fama ou sucesso, é sobre como as pessoas veem você: o seu legado! Todos nós temos ídolos, profissionais que queremos nos espelhar, por exemplo a Luiza Trajano, presidente do Magazine Luiza, é uma referência para mim enquanto líder feminina e empresária. Outro exemplo, Nelson Mandela, seus feitos o marcaram na história e durarão por gerações. E você, tem alguém para se espelhar?

Pense agora no seu presente, responda estas perguntas:

- **O que você gostaria de ter ou de ser?;**
- **As pessoas que estão ao seu lado o motivam e o encorajam?;**
- **O que você já fez nestes anos? Foi positivo?;**
- **O que você tem de característica que influenciará outros por anos e anos?;**
- **Suas ações, hoje em dia, são compatíveis com o seu propósito?;**
- **Qual é o impacto que sua existência tem sobre os que estão ao seu redor?**

"A única maneira de fazer um excelente trabalho é amar o que você faz."

Steve Jobs[114]

Algumas dicas para você praticar:

---

114. Disponível em: <https://www.pensador.com/frase/NTgyMzky/>. Acesso em: 19 jan. 2022.

Capítulo 10

Construções futuras: olhar para o futuro conforme citei;

Autoconhecimento: reconheça os seus pontos fortes e fracos, isso faz parte da construção do seu legado. Autoavalie-se: o que preciso melhorar? Eu quero isso! Quero trabalhar naquilo. Saiba o que você quer, além de saber também oferecer às pessoas que o cercam;

Cultive boas amizades: construa amizades com respeito, confiança, admiração e lealdade, que torcem pelo sucesso mútuo;

Questione-se: para saber aonde você quer chegar, comece a fazer certas perguntas a si mesmo, seja sincero. Com certeza você já ouviu estas frases: "O que você quer ser quando crescer?", "O que vou fazer tem algum significado para mim e para os outros?";

Defina metas: quando temos uma meta para atingir, precisamos de dedicação, foco e discernimento e, depois disso tudo, comemorar a meta atingida com sucesso;

Não tenha medo de assumir novos desafios: muitas vezes, seu chefe pode lhe oferecer uma oportunidade porque vê em você competência para tal. Honre, vá à luta, pergunte e foque no desafio;

Planeje: você tem uma rotina, não é mesmo? Acorda, toma banho, café, vai a academia, sai para trabalhar, participa de reuniões, visita clientes, retorna para casa, toma banho, janta e dorme. Tenha esse planejamento também na sua carreira: daqui a três anos o que você quer para a sua carreira? O que você deseja para curto, médio e longo prazo?

"O teu legado não é aquilo que deixas para as pessoas, é aquilo que deixas nas pessoas."[115]

---

115. Disponível em: <https://br.pinterest.com/pin/641974121857207309/>. Acesso em: 19 jan. 2022.

Você sabe criar a sua marca?

Por onde começar? Que passos seguir?

Comecei a criar conteúdo no LinkedIn em 2017, reforcei muito minha marca como especialista de RH, sou apaixonada por *networking*. Foi assim que comecei a criar a minha marca pessoal, sendo referência em recursos humanos, recolocação, LinkedIn e *networking*. Criei um curso para entendimento da ferramenta do LinkedIn e um slogan: "*Networking* criando laços". Quem pensa na Andréa Greco, pensa nestas palavras, meus seguidores sabem que sou referência nelas.

Defina seu público-alvo, saiba quem você quer atingir, comunicação é tudo! Como dizia o Chacrinha, "Quem não se comunica, se trumbica". Entenda seu público, tenha foco, seja autêntico, interaja, esteja presente (deixando sua marca) nas redes sociais, se faça presente em eventos, conte sua história, seja grato, consistente, verdadeiro, pregue o que você divulga, cuide bem da sua imagem, como vai atingir os objetivos e sempre faça *networking*, compartilhe seus novos aprendizados, procure profissionais da sua área de atuação, assim você fica antenado com a sua área de atuação e conhece outras também.

Max Gehringer, administrador e escritor, fala sobre os dez mandamentos da marca pessoal que ajudam a fortalecê-la na empresa. São eles: liderança, confiança, visão, espírito de equipe, maturidade, integridade, visibilidade, empatia, otimismo e paciência. Porém não adianta ter todas essas qualidades e não praticar, né?

"Quanto mais pessoas conhecemos, quanto mais circulamos, maiores as chances das oportunidades aparecerem."[116]

---

116. PETERS, Tom. Reinventando o trabalho. São Paulo: Campus, 2000. p. 79.

Capítulo 10

Como já vimos nos capítulos anteriores, o *networking* é um conjunto de métodos cujo propósito é de estimular naturalmente o sentimento de solidariedade e de assistência recíproca em todos aqueles que nos rodeiam, sem esperar algo em troca e unindo sua rede com outras pessoas.

O marketing pessoal é uma via de mão dupla, e para se obter reconhecimento, a pessoa precisa interagir com o meio e o conceito de troca. Segundo Kotler (1998)[117], ele existe quando:

- **Há, pelo menos, duas pessoas;**
- **Podem agregar valor uma para a outra;**
- **Há a capacidade de comunicação e entrega;**
- **Cada parte é livre para aceitar ou rejeitar oferta;**
- **Cada parte acredita estar em condições de lidar com a outra.**

Para Minarelli[118], assim se define estes papéis:

- **Contratante** é a pessoa-alvo, é quem tem o poder de decisão. O acesso aos contratantes é sempre dificultado por pessoas que protegem seu tempo e privacidade;
- **Intermediário** é aquele que pode ajudar a fazer uma sondagem, entregar uma carta ou agendar uma conversa. O intermediário exerce o papel de facilitador de acesso;
- **Informante** é toda e qualquer pessoa que tem informações ou sabe quem tem;
- **Influenciador** é a categoria de maior potencial para se conseguir contato pessoal com o contratante.

---

117. KOTLER, Philip. Administração de marketing. 5.ed. São Paulo: Atlas, 1998.
118. MINARELLI, José Augusto. Networking. São Paulo: Gente, 2001.

Você sabe criar a sua marca?

Para Deize Andrade, especialista em gestão de carreira, marca pessoal e *personal branding* nas organizações, é interessante definirmos cada termo antes de considerar o impacto que a imagem e a marca pessoal têm no nosso *networking*.

Imagem é o que projetamos por meio de nossa aparência, nosso comportamento e a nossa comunicação, verbal e não verbal. É o que expressamos pela forma com que nos vestimos, nos arrumamos, nos enfeitamos — ou não — somado à nossa conduta e ao conhecimento que compartilhamos quando temos a oportunidade. Tudo isso é visto e ouvido pelos outros, que decodificam e criam uma imagem a nosso respeito;

Marca pessoal é o que deixamos na lembrança das pessoas, é a percepção que elas têm sobre nós. Já aprendemos que tudo o que fazemos, e muitas vezes o que não fazemos, o que omitimos, deixa algum tipo de marca naqueles com quem interagimos. A imagem física faz parte, porém quando falamos de marca pessoal, temos que considerar não só o que vemos e ouvimos, como os sentimentos. Esta recordação se forma a partir do que sentimos ao conviver com alguém, das emoções que essa pessoa nos causa e do valor que as ações da pessoa agregam à nossa vida. Essa marca se solidifica com a repetição das interações ao longo do tempo, positiva ou negativamente;

Personal branding se traduz como gestão de marca pessoal, sendo o processo de gerenciar nossa marca pessoal de maneira estratégica, para que possamos ser conhecidos pelo melhor que temos a oferecer.

Ah, dirão alguns, então eu posso criar a minha marca pessoal do jeito que me interessa! E eu respondo: claro que NÃO! Não se cria, se aperfeiçoar o que você tem, o que você é.

Capítulo 10

Nossa marca pessoal existe desde que nascemos e vem se transformando. Ela não é criada nem construída, ela evolui. Ela reflete nossa transformação como seres humanos e o nosso aprendizado na condução de nossa vida e carreira. Mas como isso funciona?

Para progredir, precisamos saber onde estamos, aonde queremos chegar e como vamos fazê-lo. Por isso, o processo se inicia com o diagnóstico do momento atual. Quem eu sou? O que faço bem? O que gosto de fazer? O que sonho realizar? O que já fiz que ainda me serve? Onde estou? O que desejo para o meu futuro?

Essas e muitas outras perguntas usadas nos processos de autoconhecimento nos levam a entender cada indivíduo como único, com suas singularidades e vivências, e abrir espaço para a definição de objetivos para sua vida pessoal e profissional. E aí, traçamos a estratégia para caminhar na direção deles. Preciso desenvolver habilidades? Mudar comportamentos? Aperfeiçoar a comunicação? Aumentar minha rede de contatos? Fazer *networking*?

No passado, não precisávamos de tanto investimento. Vivíamos em pequenos grupos, dentro dos limites de nossa família e da empresa onde trabalhávamos ou do nosso negócio. Se queríamos, ou éramos forçados a mudar, existiam oportunidades e as encontrávamos com certa facilidade. Havia estabilidade.

Hoje, tudo muda a uma velocidade incrível, há incerteza em todos os cenários, é impossível saber se o que fazemos hoje será necessário amanhã. Por isso, precisamos descobrir nossas capacidades, nossos diferenciais e entrar de cabeça nesse processo de melhoria contínua, ou estaremos fora.

Além disso, está mais que provado por vários estudos (podemos citar o de Harvard[119]), que "as pessoas mais feli-

---

119. WALDINGER, Robert. Do que é feita uma vida boa? Lições do mais longo estudo sobre felicidade. TEDx Beacon Street. Nov. 2015. Disponível em: <http://bit.ly/2onbJvg>. Acesso em: 19 jan. 2022.

Você sabe criar a sua marca?

zes e bem-sucedidas — seja o que o sucesso significar para cada uma delas — são as que mantêm boas relações em sua vida". E o que é *networking*? Trabalhar a sua rede cultivando bons relacionamentos! Este livro está repleto de detalhes sobre como fazê-lo bem.

Quando administramos a nossa marca pessoal com carinho, cuidado e responsabilidade, geralmente nos posicionamos como desejado e nos tornamos conhecidos pelo valor que podemos entregar às pessoas e organizações.

Também ficamos aptos a conhecer mais pessoas com quem trocar conhecimento, experiências, problemas vividos e soluções aplicadas, sucessos e fracassos.

Este processo nos dá a oportunidade de aprender mais e mais, construir autoridade e reputação digital, indicar pessoas para cargos abertos, parcerias e serviços, ser indicado por elas, enfim, crescer profissionalmente, alcançar objetivos e fazer amigos.

Se você ainda não começou o seu programa de gestão de marca pessoal, eu o convido a começar AGORA! Não perca mais tempo, o futuro já chegou!

> *"Marketing é o conjunto de ferramentas que uma empresa usa para fazer com que seus produtos ou serviços sejam conhecidos, apreciados e comprados.*
>
> *Marketing pessoal é um profissional fazer exatamente a mesma coisa, só que em benefício da própria carreira."*
>
> **Max Gehringer**[120]

---

120. Disponível em: <https://www.univicosa.com.br/uninoticias/noticias/importancia-do-marketing-peoal-no-mercado-de-trabalho>. Acesso em: 19 jan. 2022.

Capítulo 10

Já para a LinkedIn Top Voice Laíze Damasceno, fundadora do Marketing de gentileza[121], afirma que Marca pessoal é sobre quem você é, são os seus atributos, as suas qualidades, as suas características, os seus valores humanos, as suas crenças e a sua essência. É a base de tudo.

Marketing pessoal é a estratégia que dá vida e movimento para esta base fundamental bem construída para que as pessoas saibam que você existe.

Marketing de conteúdo é uma das estratégias do marketing para que você mostre essa beleza de pessoa que você é, essa pessoa única que o mundo merece conhecer, por meio da produção de conteúdo para atrair as pessoas e criar relações de confiança com elas. Hoje, principalmente, nas redes sociais.

Essas três atividades são diferentes, mas devem andar de mãos dadas e sempre juntinhas, tipo um trio apaixonado. Eu amo esse trio e sei o quão poderoso ele é na minha vida profissional e na vida de muitas outras pessoas que acompanho mais de perto (clientes, alunos, amigos e pessoas parceiras).

Seja um profissional de valor

Você é a sua marca. O que você vende para as pessoas, o que você constrói de si mesmo é a maneira mais efetiva de se destacar no mercado, a reputação é o que de mais valioso um profissional tem.

Primeiro de tudo, reconheça o seu valor! Acredite no seu potencial, nas suas qualidades, assim todos ao seu re-

---

121. Disponível em: <https://comunidade.marketingdegentileza.com/)>. Acesso em: 19 jan. 2022.

Você sabe criar a sua marca?

dor irão acreditar nisso também. Esteja sempre se autoavaliando. Como está a sua imagem pessoal? Sua autoestima elevada o torna mais confiante e realizado. Permaneça em constante aprendizado, não fique esperando sentado que a empresa ofereça um programa de estudos, tenha iniciativa, procure cursos que enriqueçam sua experiência profissional e que agreguem valor.

Pratique a sociabilidade, converse e interaja com pessoas da sua empresa (e fora dela também!). Essa pode ser uma grande experiência, assim você conhece diferentes formas de pensar. Essa troca com os colegas de trabalho são supersaudáveis e vão trazer mais conhecimentos. Compartilhe ideias com todos, inclusive com a sua liderança.

Considerando isso, que imagem você transmite para as pessoas?

Quando você participa de algum evento online ou presencial de *networking* é essencial ter uma boa apresentação pessoal, que reflita quem você é e quais são as suas expertises profissionais. Quando surgirem assuntos sobre sua área, as pessoas lembrarão de você, sua apresentação e imagem nas redes sociais.

Para Gilka Ferreira, consultora de imagem, um dos pontos mais importantes a respeito da apresentação pessoal no *networking* é prestar atenção em sua própria imagem e sempre se questionar: eu gostaria de fazer *networking* com alguém com a minha imagem? Sou interessante? Qual a mensagem que passo para as pessoas? Nunca podemos nos esquecer de que estamos sempre sendo observados pela visão e filtros do outro. Ela crê que a primeira impressão é a que fica. Essa frase é antiga, atual e verdadeira.

A imagem pessoal fala muito alto quando queremos desenvolver o nosso *networking*. Uma pessoa leva até dez se-

Capítulo 10

gundos para ler nossa imagem. Por essa razão, ela precisa ser assertiva, autêntica e consistente.

O primeiro passo que vai indicar o sucesso de um *networking* genuíno é a nossa responsabilidade e sinceridade em relação a nós mesmos.

A nossa imagem fala e tudo nela comunica. São muitos os códigos. A imagem pessoal é um conjunto de mensagens interpretadas. Essa imagem não tem peso sozinha, e precisa estar ligada a pontos importantes, principalmente ao conhecimento (conteúdo).

Três aspectos básicos compõem uma boa imagem:

- **Aparência;**
- **Linguagem corporal;**
- **Expressão facial.**

Todos nós temos a chamada bússola comportamental. Desde a infância nosso cérebro desenvolve crenças – pacotes de juízos e de valores – que nos auxiliam a lidar com o mundo ao nosso redor, que norteiam nossas escolhas, caminhos e ações futuras. Esse recurso é extremamente importante e tem a função de nos ajudar a nos adaptar às situações, e até mesmo prever e antecipar os desafios que encontraremos ao longo de nossa vida.

Por essa razão, precisamos investir muito no autoconhecimento da nossa imagem pessoal. Todos nós temos um perfil comportamental. Quando descobrimos como trabalharmos mais nosso comportamento e imagem, as chances de termos um *networking* mais significativo e duradouro é muito maior. Até porque você também enxergará seus objetivos de forma mais clara.

Ficar bonito "pagando", qualquer um fica. Mas cuidar da imagem, por meio do autoconhecimento, isso é para

Você sabe criar a sua marca?

poucos. Quem se conhece é autêntico. E hoje isso tem sido um requisito muito exigido em todas as relações, seja pessoalmente ou pelas redes sociais.

O *networking* se resume a dois pontos: contato por redes sociais ou contato pessoal, mas independente da escolha ou oportunidade, para construir seu *networking* é preciso ter bases bem estabelecidas com a veracidade da sua imagem.

> *"Autenticidade não é para quem pode, é para quem quer levar a vida sem o peso das máscaras..."*
> Day Anne[122]

Infelizmente, o que mais vemos acontecer e o que mais prejudica o potencial de bons profissionais são imagens falsas e vazias. Seja fiel a você e ao que acredita.

Comportamentos, gestos, postura, linguagem, valores, bom humor, crenças e conhecimento são critérios que compõem a imagem de cada indivíduo, e são de grande peso para a credibilidade pessoal e profissional; sem esses critérios não há imagem que se sustente. Não adianta montar uma imagem para impressionar, com o tempo ela se dissolve, pois, sem verdade, é impossível se manter. Isso acontece porque nosso comportamento é 70% automático e inconsciente. Descoberta a real imagem, o estrago é grande e quase que irreversível.

É importante estabelecer as bases da imagem, que são conhecidas como os "5As": autocuidado, autoconhecimento, autoestima, autossegurança e autovalorização. Cuidando desses pontos, é certo que o profissional consegue se sentir bem e passar uma apresentação autêntica e consistente, pois nele há autoconfiança.

---

122. Disponível em: <https://www.pensador.com/frase/NzMwMTEw/>. Acesso em: 15 jan. 2022.

Capítulo 10

Para conseguir impactar seu *networking* com uma imagem assertiva, você precisa conhecer as pessoas e o local em que deseja estabelecer contatos. Isso é imprescindível, pois conhecendo o estilo e o *dress code* do ambiente, as oportunidades de marcar seu território e ser aceito são bem maiores.

É certo que a sociedade criou padrões e estereótipos, mas quando você tem autoconhecimento da sua imagem pessoal, essas preocupações não se aplicam a você. A pessoa que cuida e compreende sua imagem de forma humanizada e orientada por um bom profissional, o que faz total diferença, é uma pessoa empoderada.

Lembre-se sempre de manter uma postura profissional. A preocupação com a linguagem corporal, organização pessoal e higiene são fundamentais. As pessoas sempre observam essas questões. É importante cuidar de sua imagem pessoal, mas isso não precisa ser uma obsessão, caso contrário sua comunicação não será natural. Busque sempre o equilíbrio. Investir na sua imagem para ter um bom *networking* é algo muito estratégico e inteligente.

O contato *human to human* torna-se mais caloroso e marcante quando nele encontramos gentileza, educação, respeito e proatividade.

Ser marcante é mais importante do que ser lembrado. Invista no marketing pessoal. Isso vale principalmente para as redes sociais, em que o contato humano é mais limitado.

Atualmente, devemos ter um cuidado enorme com a exposição. Hoje sabemos que o que cai na rede fica. Então, muito cuidado com fotos pessoais e comentários a respeito de assuntos polêmicos. Lembre-se de que sua postura e valores precisam corresponder a sua imagem. Você precisa impactar de forma positiva.

Na rede, as interpretações são diversas, não deixe espaço para mal-entendidos.

Você sabe criar a sua marca?

Não é tão fácil criar uma imagem pessoal e profissional, mas é possível e isso não ocorre do dia para a noite.

A todo momento, estamos lidando com pessoas diferentes, o *networking* pode ser feito fora do local de trabalho e não precisa estar ligado somente a isso.

Seja aberto. Seja humano, nunca saberemos até onde tudo isso poderá nos levar. *Networking* é uma caixinha de surpresas.

Uma das características mais fortes do ser humano é criar relacionamentos, vínculos e afinidades. A imagem pessoal é a maior responsável por isso, nosso cérebro é rápido em ler a imagem do outro, isso é comprovado pela neurociência. Detalhes falam, é com eles que precisamos ser cuidadosos.

Contudo, lembre-se que cuidar da sua imagem para a construção de um *networking* positivo não é custo, é investimento. Afinal, como você quer ser lembrado ou reconhecido?

Você já se perguntou por que as empresas se preocupam tanto com o *branding*? Isso torna as impressões a respeito das empresas cada vez melhores e o desejo de compra aumenta, pois o cliente se identifica e deseja ter o que a empresa oferece.

Quando as pessoas cuidam de sua imagem e transmitem positividade, beleza e autenticidade, o sucesso é certo. Hoje é o que mais queremos e precisamos. Então seja você e reflita para o seu *networking* tudo o que você pode oferecer, completa Gilka Ferreira.

> *"Cuide da sua imagem pessoal, pois é ela que fará muitos trabalhos por você. Nesse mundo de hoje, estão preocupados em quem você aparenta ser e não em quem você realmente é."*
>
> **William Wallace**[123]

---

123. Disponível em: <https://www.pensador.com/frase/MjU3OTM5Nw/>. Acesso em: 19 jan. 2022.

Capítulo 10

Como fazer seu marketing pessoal brilhar?

Venda a sua imagem e influencie pessoas que estão de olho no seu trabalho, ajude as pessoas. Mas como fazer isso? Dou algumas dicas:

Objetividade: mostre para que serve seu trabalho, seja certeiro na mensagem que você quer passar para o outro;

Comunique-se: tenha clareza e saiba se expressar corretamente, evite gírias (use somente em ambientes mais intimistas);

Atenção à postura: gestos, olhares, a linguagem corporal, tanto verbal quanto não verbal, e até o tom e articulação da voz passam mensagens, as pessoas a sua volta estão o observando. Tente identificar e controlar esses impulsos. Escolha a hora certa de mudar sua entonação ou passar confiança só com o olhar, por exemplo;

Corra atrás de sua qualificação: para conquistar um emprego ou uma nova posição, é preciso estar sempre aprendendo. Hoje a internet tem muitos materiais que podem ajudá-lo de forma gratuita;

Cuide do seu visual: no marketing pessoal, os detalhes são muito importantes; com certeza você já ouviu falar que a primeira impressão é a que fica. Pois bem, no marketing pessoal isso é interpretado literalmente. Não é ter roupas de grife, mas cuidar da aparência e higiene. Sem perfume muito forte, sem decotes, transparências, e isso serve também para os homens, que devem estar com a barba bem-feita, com roupas bem passadas, sempre bem apresentável. Muito cuidado ao escolher a roupa certa com o calçado ideal, que combine com seja lá qual for o momento. Nesse caso,

Você sabe criar a sua marca?

é uma questão de bom senso não se utilizar de um estilo formal em ocasiões que não exijam formalidade e vice-versa. A imagem que você irá passar pode não ser a ideal;

Ser simpático e empático: seja educado, sorria e seja prestativo para com as pessoas, estas são atitudes que demonstram simpatia. Ao se colocar no lugar do outro, pode ser o seu superior, par ou mesmo o cliente de sua empresa, seja empático e assim você pode ajudá-lo a entender melhor e ter novas ideias para a resolução de problemas;

Cuide de sua imagem virtual: o seu marketing deve acompanhar a sua imagem como ela realmente é. As pessoas estão de olho em você, com o que interage e no que publica. Recrutadores, líderes e colegas de trabalho comumente verificam os perfis dos candidatos e colegas nas mídias sociais. Deixe-as falarem bem de você. Evite compartilhar fotos ou informações muito pessoais. Publique assuntos que vão ajudar outros profissionais como, por exemplo, cursos que você tenha feito ou artigos interessantes de sua área de atuação. Tenha coerência entre o que você publica e suas falas e atitudes fora do universo virtual. É muito comum que os recrutadores façam uma varredura nas redes sociais dos candidatos, todo cuidado é pouco. O LinkedIn é uma rede social profissional, que proporciona *networking*, parcerias e negócios.

O Facebook tem como foco um perfil mais familiar, divulgação de eventos, criação de grupos, *posts* patrocinados para alavancar vendas e interações interpessoais.

Já o Instagram é uma rede social voltada para vídeos e imagens, excelentes para vender seu produto, serviço, *posts* patrocinados e *lives* para transmitir conteúdo e destacar mais a sua *persona*.

Capítulo 10

O YouTube gera autoridade, é o marketing em vídeo, fortalece seu marketing pessoal por meio do conteúdo exibido;

Postura corporal: lembre-se que você está sempre sendo avaliado por alguém, por exemplo, se você parecer relaxado demais em uma entrevista, pode não transmitir seriedade. Busque uma posição bem confortável e demonstre sempre estar preparado para qualquer tipo de ação;

Seja pontual: a pontualidade é essencial quando você está realmente interessado em alguém ou em algum evento;

Encante pessoas: se você for embaixador da sua marca, agregando nas redes sociais, ajudando pessoas, as pessoas tendem a ter você como fã, se sentem representadas por você ser referência naquela determinada área. Quando encanta as pessoas, você estabelece uma relação de confiança e respeito entre aqueles que o cercam (e seguem);

Invista muito no seu perfil do LinkedIn: "Andréa, não quero buscar emprego no LinkedIn". Muitos ainda pensam que é uma rede social para buscar uma recolocação. Ela pode ajudá-lo nesse ponto também, mas é muito mais um celeiro de oportunidades para você conhecer pessoas, fazer negócios e parcerias. Construa sua marca no LinkedIn, mostre seu valor e suas chances de sucesso serão potencializadas;

Resolução de problemas: as empresas buscam profissionais que sejam criativos, tenham habilidade para a resolução de problemas e que procure ajudar os seus colegas de trabalho;

Seja comprometido: mostre comprometimento com o horário, prazos de projetos a serem entregues, objetivos da empresa e agarre os desafios que estão sendo oferecidos pela sua empresa.

E, claro, faça *networking*! (isso é um "mantra"!)

Você sabe criar a sua marca?

A foto passa credibilidade

Já parou para pensar em sua imagem como profissional? Bem, é preciso criar uma para se destacar no mercado. Se você quer ser reconhecido como influente, inteligente, carismático ou especialista precisa transmitir confiança para as pessoas que estão o vendo pela primeira vez. Por conta da minha interação nas redes sociais e uma foto adequada de perfil, já fui reconhecida duas vezes em dois shoppings de São Paulo. Se eu não tivesse uma foto atrativa, ninguém me reconheceria, não é verdade?

Ahh, você é famosinha, Andréa! Não, minha foto representa como eu sou, indo ao mercado, padaria, shopping ou eventos de *networking*.

O seu rosto é uma parte da sua marca pessoal, você sabia? Não precisa ser famosa, atriz, *influencer*, mas sua foto tem que estar, no mínimo, apresentável, ela é um elemento muito importante para você mostrar seriedade e profissionalismo.

Os dados da MDG[124] mostram que a imagem transmite muita coisa no marketing digital. Veja a seguir:

- **Artigos contendo imagens obtêm 94% mais visualizações do que os que não utilizam esse recurso;**
- **É possível aumentar as visualizações em mais de 45% ao incluir uma foto ou um vídeo em uma publicação;**
- **60% dos consumidores estão mais propensos a considerar ou contatar uma empresa quando uma imagem é mostrada nos resultados de busca.**

Lembre-se: pessoas compram pessoas, os clientes fazem negócios com pessoas que trabalham em empresas.

---

124. Disponível em: <https://www.mdgadvertising.com/>. Acesso em: 19 jan. 2022.

Capítulo 10

> *"As pessoas não compram produtos, elas compram estados emocionais."*
>
> Tony Robbins[125]

Ao contrário, uma fotografia sem qualidade é prejudicial para a marca, denotando falta de profissionalismo e até mesmo desleixo com seu próprio produto ou serviço.

Você lembra daquele velho ditado "Uma imagem vale mais que mil palavras"?

Quando trazemos para o marketing digital ele se encaixa muito bem. A fotografia é capaz de encantar o seu público, dar movimento e trazer uma linguagem não verbal, onde palavras são dispensadas.

Foto: Vanessa Brígido

---

125. Disponível em: <https://www.pensador.com/frase/MjM4MDMxNw/>. Acesso em: 19 jan. 2022.

Você sabe criar a sua marca?

Vanessa Brígido, minha fotógrafa do Rio de Janeiro, tem o mesmo pensamento. Quando falamos em foto de perfil, devemos analisar alguns aspectos.

- **Para qual mídia ela será utilizada?**
- **Qual mensagem você quer passar?**
- **Qual o seu objetivo?**

Se for uma rede profissional como o LinkedIn, a foto deve mostrar quem você é como profissional. Mas, aí, entram as perguntas anteriores. Se a sua mensagem for de um profissional sério que tem o objetivo de ser um executivo de uma grande empresa, por exemplo, certamente será adequado fazer uma foto onde você se apresente muito bem-vestido e com uma pose sóbria, que transmita essa mensagem. A qualidade das imagens atrai maior atenção do público, além de transmitir a ideia de autoridade.

Mas se você é um profissional de mídias digitais, por exemplo, e quer mostrar seu lado mais divertido e leve, o melhor será fazer uma foto onde a expressão seja o principal, a roupa seja mais leve e descontraída, assim como a pose. Existem muitas possibilidades na composição da fotografia para o seu perfil, que transmita a sua mensagem da melhor forma.

Faça você mesmo!

1. Verifique a resolução da sua câmera

A maioria dos *smartphones* atuais possui resolução Full HD ou 4K em suas câmeras, prefira a de maior qualidade, claro!

2. Limpe a lente

Muitos esquecem que a lente suja já que passamos o dedo ou encostamos em algo com ela. Use um pano para limpar a lente frequentemente.

3. Não utilize o flash

Muita gente ainda insiste em usar o *flash* ao tirar fotos com o *smartphone*. As pessoas acham que o *flash* ajuda a iluminar ambientes escuros, mas ele vai deixar suas imagens distorcidas, cores diferentes, pessoas com olhos vermelhos etc., o que acarreta fotos com um ar bem amador.

4. Sem *selfies*

Uma foto com amigos se abraçando, em festas e eventos não fica legal, né? Além do mais, o formato *selfie* faz a foto perder qualidade. Utilize um tripé (pode ser aquele de mesa), fundo neutro e roupas que valorizem o seu perfil.

5. Fotos de eventos

As pessoas vão associar a sua imagem pessoal com o seu trabalho, postar em suas redes sociais que você está em algum evento demonstra que você está se atualizando e que está fazendo novos contatos.

6. Roupas adequadas

Escolha roupas que você utiliza no seu dia a dia de trabalho e que falem um pouco sobre você. Abuse de roupas neutras, bonitas e adequadas ao seu perfil.

7. Iluminação

Não existe nada melhor do que uma iluminação com a luz natural, então vale a pena fotografar durante o dia, já que a noite perde um pouco dessa luminosidade.

Você sabe criar a sua marca?

8. Sempre tire fotos horizontais

Pois você terá mais opções de enquadramento e utilizará também mais o cenário à sua volta. Fora que isso também ajuda na hora de visualizar fotos de outras formas, seja na TV, computador ou até mesmo se elas forem impressas.

9. Não utilize o zoom

Ele tira a qualidade da foto, faz você aparentar um rosto muito grande, fica sem foco e sem nitidez.

Em resumo, quando for tirar fotos profissionais, escolha qual é a que melhor representa o seu negócio e a sua personalidade. O marketing digital tende a crescer mais e mais, e esta pandemia deu uma acelerada pelo fato de estarmos muito mais online. Seja no WhatsApp, Instagram, Facebook ou LinkedIn, sua foto é o que primeiro fará despertar interesse na pessoa para que esta contate você.

> *"A primeira impressão é a que fica; até que uma segunda a confirme, ou a destitua de uma vez."*
>
> **Valdeci Santos**[126]

Cause uma boa impressão investindo em sua foto, ela pode ajudar a propagar mais as outras pessoas de sua personalidade, profissão, crenças e valores. O importante é que a foto seja uma porta de entrada para seus negócios e parcerias de sucesso.

Imagem é tudo, *networking* também. Para nos destacarmos nesse mundo altamente competitivo, disruptivo

---

126. Disponível em: <https://www.pensador.com/frase/MTc3ODU3Mg/>. Acesso em: 19 jan. 2022.

Capítulo 10

e inovador, precisamos nos distinguir nessa multidão, mostrando o que realmente somos, e como transmitimos isso constrói a nossa marca.

Tudo o que você leu até aqui só terá efeito sobre você, e as relações que você espera construir para estabelecer um genuíno *networking*, se você for autêntico. O sentido disso não está em nenhum manual, nascemos e aprimoramos ao longo de nossa existência.

Tudo o que estou tentando transmitir aqui são aprendizados de minha experiência com intuito de facilitar sua percepção. As redes sociais são vitrines que nem sempre demonstram o que de fato é, por isso, o sentimento de "verdade" ainda é o que impacta nas relações que estabelecemos, sejam elas profissionais ou pessoais.

Se você encontrar qualquer novo sentido à sua vida a partir desta leitura, o objetivo deste livro terá sido alcançado.

Capítulo 11

Conhecendo os 3 N's

Networking

Lembrando seu real significado "*net*" (rede) + "*working*" (trabalho), todas as regras e recomendações resumem-se às estratégias de relacionamento (bom senso, ética, educação) associadas a estratégias de negócios (foco e objetivo) – essas habilidades são essenciais, independente das tecnologias na construção de seu relacionamento e ambiente de negócios.

E o mais famoso deles, o *networking*, citado no decorrer deste livro. Espero que você tenha aprendido que ele é a sua rede de contatos e o quão importante ela é para sua vida quando você busca prosperar no seu negócio.

Antes da pandemia, as pessoas marcavam com seus contatos profissionais e pessoais cafés, *happy hours* e almoços, de maneira presencial.

Capítulo 11

A ocorrência dessa crise sanitária acelerou o ambiente digital e tudo isso, ou, pelo menos, a maioria das ações, passaram para o ambiente virtual. Foi necessário estabelecer mais conexões ou estreitar laços profissionais, sempre com o objetivo de conhecer mais e mais pessoas para ajudar e aprender com elas.

Com a pandemia, o WhatsApp, as redes sociais (Facebook, Instagram e LinkedIn), Teams e Zoom, as aproximações aumentaram, pois fomos obrigados a ficar em casa. O *networking* online passou a ser nossa porta para o mundo, por isso é primordial que você esteja mais presente online, assista a mais eventos de forma remota, leia, interaja e participe de grupos virtuais de seu interesse.

Eu conservo meus relacionamentos. Toda semana interajo com alguém que admiro lá no LinkedIn. Gosto de conversar com as pessoas, saber como estão. Quando possível, marco um café presencial ou virtual.

Vimos no capítulo anterior que construir uma marca pessoal forte fortalece o seu *networking*. Para isso, é preciso tempo e especialmente interesse no outro. Em um bate-papo, encontro ou evento de *networking* a atração principal não é você, e sim qual mensagem que você quer passar para o outro.

Netweaving

Outro termo em inglês, *netweaving* é composto pelas palavras "*net*" (rede) + "*weave*" (tecer, entrelaçar). Esse termo apareceu pela primeira vez em 2003, em um livro do consultor americano Robert Littell, "*The Heart and Art of NetWeaving*", e propõe uma nova forma de enxergar as relações humanas como meio de obter oportunidades, para gerar mais resultados através de gentileza, doação, ajuda, enfim, criar laços de relacionamento. O *netweaving* já motiva mais o cultivo de amizades verdadeiras, saudáveis, positivas, construtivas e despren-

Conhecendo os 3 N's?

didas de interesses egoístas e materialistas. O *netweaving* é fazer a sua contribuição de forma autêntica e genuína. E os resultados? Vêm naturalmente.

Imagem: site freepik.com

Ao fazer *netweaving*, você foca no que pode fazer para ajudar as pessoas, são relacionamentos baseados na reciprocidade, livres de interesses materiais. Um *netweaver* está aberto para conhecer todos os tipos de pessoas. Quando você faz isso, sua rede de contatos se torna mais ampla, genuína e possivelmente duradoura. O objetivo é de estar mais próximo de outras pessoas da maneira mais leve e natural, sem obrigações, sem esperar nada em troca, deixando o relacionamento fluir.

Segundo Robert Littel, "*Netweaving* é centrado no outro, enquanto o *networking* é autocentrado"[127].

Bob Littell, *netweaver*, é o criador da palavra e conceito de *Netweaving*. O termo apareceu pela primeira vez em 2003, em um livro do consultor americano, "*The Heart and Art of Ne-*

---

127. Disponível em: <https://cwk.com.br/netweaving-entenda-o-que-e/#:~:text=De%20acordo%20com%20Bob%20Littel,enquanto%20o%20networking%20%C3%A9%20autocentrado%E2%80%9D>. Acesso em: 19 jan. 2022.

Capítulo 11

tweaving", e propõe uma nova forma de enxergar as relações humanas como meio de obter oportunidades profissionais. Ele ressalta três pontos muito importantes:

Conectar as pessoas: aquele anfitrião capaz de conectar pessoas, apresentá-las umas às outras, dar início a um assunto que ambas possuam interesse, aproximando-as em suas necessidades, desafios, oportunidades, agindo pelo simples prazer em aproximar pessoas;

Prover recursos: ser capaz de disponibilizar informações, contatos, oferecendo seus recursos em sua rede confiável — agindo sem restrições — como uma maneira de construir relacionamentos significativos;

Rede de recursos confiáveis: estabelecer uma rede ampla e profunda composta por pessoas em que se confia por serem excepcionais no que fazem ou apresentadas por alguém que seja altamente recomendado em quem você confia completamente.

A diferença entre *netweaving* e *networking* é como você pensa. No *networking*, você está preocupado em como a outra pessoa pode ajudá-lo. No *netweaving*, você está preocupado em como você pode ajudar a outra pessoa.

A expressão já era conhecida há muitos anos, até mesmo antes de nós existirmos. Confúcio, filósofo chinês, dizia "O que você não quer para você mesmo, não faça aos outros". Jesus Cristo, por sua vez, advertia "Tudo quanto, pois, quereis que os homens vos façam, assim fazei-o vós também a eles".

Deixarei algo bem claro neste capítulo, não confunda ser um *netweaver* com ser "trouxa" ou um "faz-tudo para todos" e deixar que as pessoas se aproveitem de você. Tudo tem o seu limi-

Conhecendo os 3 N's?

te, não precisa estar sempre disponível 100% para todo mundo, saiba dosar o quanto você vai "cair de cabeça" nessa relação.

Dicas para fazer um bom netweaving

1. Reciprocidade

Um relacionamento é baseado em uma via de mão dupla, tanto em um relacionamento amoroso quanto de amizade. O que você compartilha e ensina tem uma troca. Se você tomar a iniciativa e ajudar os outros sem esperar nada em troca, as pessoas vão se sentir gratas e o ajudarão também. Ao praticar o *netweaving*, você será mais genuíno nas suas interações. Afinal, a prioridade é a relação verdadeira entre pessoas, a reciprocidade pode gerar benefícios incalculáveis mais à frente;

2. Regra de ouro

Exercite a ideia de que tudo que você faz de bom para outra pessoa retorna para você. Com certeza, você já ouviu as frases "Tudo o que a gente planta, a gente colhe" e "Gentileza gera gentileza".

3. Seja presente

Nunca se esqueça que o foco da sua atenção está na pessoa com quem você está conversando, deixe ela se sentir importante, seja um *expert* em *netweaving*.

4. Escuta ativa

Com certeza, você já ouviu "Eu só quero desabafar com você!" ou "Preciso muito conversar...". Primeiro, escute com atenção. Observe também a sua expressão

Capítulo 11

corporal e nada de julgamentos, conclusões ou respostas que possam interromper e demonstrar falta de respeito e desinteresse. Utilize as oportunidades para ouvir o que as pessoas ao seu redor têm a dizer, compartilhe suas experiências, contatos e sugestões que possam ajudar. Veja como essa interação genuína pode aproximar vocês, um pode aprender com o outro, e seu locutor se sentirá mais à vontade, estreitando esse relacionamento.

5. Faça bons questionamentos

Faça perguntas abertas do tipo: "O que você acha sobre...?", "Como você se sentiu quando...?" e "O que você deseja conquistar daqui a X anos?". Demonstre que está interessado confirmando a sua resposta, o objetivo é gerar uma relação de confiança com os outros, ela é uma porta de entrada para bons relacionamentos, e quem sabe uma boa amizade. Além disso, essa relação vai fortalecer muito mais a sua marca pessoal e isso pode gerar parcerias, negócios ou indicações.

6. Respeito

O respeito pelo outro é o mínimo que podemos oferecer às pessoas. Ser paciente ao ouvir os problemas, as necessidades, objetivos, os interesses e as conquistas. Muitas vezes, esquecemo-nos de dar esta atenção, estamos preocupados com nós mesmos, o nosso dia a dia e deixamos de ouvir a história daqueles que gostariam de compartilhar algo conosco. E, assim, muitas vezes, deixamos de aprender, evoluir e contribuir com o próximo. Saiba colocar-se no lugar do outro, no futuro poderá ser você a precisar ser ouvido, não é verdade?

Confúcio ensinava: "Não te alies aos moralmente inferiores."

Conhecendo os 3 N's?

Ofereça ajuda sempre que possível e na hora certa, não fique pensando: "O que vou ganhar com essa amizade?". Quando eu conheço alguém pela primeira vez, procuro desenvolver uma conversa sadia, genuína, autêntica e pessoal, sempre relacionando interesses mútuos. Tenha por hábito encontrar com essas pessoas pessoalmente ou até mesmo virtualmente.

Fato é que a nossa vida é absorvida em grande parte do tempo por família, filhos, trabalho etc., mas é importante eleger um dia da semana, por exemplo, para encontrar pessoas e estar frente a frente com elas, mesmo que virtualmente, como o momento atual exige. Nada substitui o contato pessoal, nem um e-mail, mensagem, WhatsApp ou até mesmo um telefonema. É preciso encontrá-las, sentir a reação do outro ao vê-lo, trocar ideias, experiências e, algumas vezes, falar de outros assuntos para descontrair.

Eu observo que, em geral, as pessoas que se doam a outras, participam de eventos beneficentes, ajudam de alguma forma para o desenvolvimento profissional dos outros, se doam para qualquer tipo de ajuda e são pessoas de sucesso. Pode ser também um conselho, um *feedback*, um apoio na hora de uma decepção, o abraço amigo na hora da tristeza e da dor, o elogio na hora da conquista, entre inúmeras outras circunstâncias, os atos de amor e de bondade que você pode oferecer para alguém.

Cada relacionamento vai sendo construído com esses pequenos atos, igual a um castelo, que se inicia por tijolinhos. Aprendemos muito mais com pessoas que são diferentes de nós, e é maravilhoso aprender coisas novas.

As palavras de Confúcio a Zilu nos fazem refletir:

O amor pela humanidade sem o amor pela aprendizagem degenera em tolice;

Capítulo 11

> *O amor pela inteligência sem o amor pela aprendizagem degenera em frivolidade;*
>
> *O amor pelo cavalheirismo sem o amor pela aprendizagem degenera em banditismo;*
>
> *O amor pela franqueza sem o amor pela aprendizagem degenera em brutalidade;*
>
> *O amor pela coragem sem o amor pela aprendizagem degenera em violência;*
>
> *O amor pela força sem o amor pela aprendizagem degenera em anarquia.* [128]

Não existe nada mais valioso na interação humana do que uma amizade construída na troca verdadeira.

Notworking

Como no inglês *not* (não), *work* (trabalho), trabalho que não dá certo, este é o inverso do nosso *networking*. O *networking*, como vimos durante os capítulos anteriores, tem o objetivo de ampliar contatos e gerar novas oportunidades de trabalho e parcerias. O *netweaving* já estabelece relacionamentos de confiança, sem sermos inconvenientes ou até mesmo interesseiros.

O *notworking* é o relacionamento zero, aquele que só objetiva o momento, o interesse, bate e pronto, o tão conhecido "oportunista". Pense em tudo que você leu até aqui sobre *networking* e *netweaving*, o *notworking* é justamente o oposto. Já vivi isso na pele. Esse ano, no meu perfil do LinkedIn, cheguei a mais de seis dígitos de seguidores, procuro postar duas vezes por dia, me relaciono com vários profissionais na rede, acredito ser benquista, mas acabo ficando exposta a todo tipo de abordagem, tais como:

---

[128]. Disponível em: https://gutemberg.com.br/gutemberg/netweaving-um-jeito-diferente-de-fazer-networking/. Acesso em: 19 jan. 2022.

Conhecendo os 3 N's?

- **Se você divulgar nosso produto, em contrapartida ganhará X de desconto em compras conosco;**
- **Vamos fazer uma parceria? Eu indico você e ganho uma porcentagem.**

Citei alguns exemplos de propostas que recebi ao longo dos meus quatro anos como produtora de conteúdo no LinkedIn. Propostas de parcerias, tudo bem, desde que haja uma relação construída, um propósito afinado, produto por produto não rola. Todas que me abordaram assim foram negadas por mim, porque eu via que eu ia trabalhar muito mais para divulgar ou ganhar de fato algo em troca, e algumas propostas não condiziam com o que eu trabalho, não tinham um propósito claro. Nem tudo é dinheiro, ou a sua exposição, tem mais a ver com seus valores, com o que você acredita e leva para sua carreira.

Outro exemplo clássico são pessoas que não leem meu perfil do LinkedIn, escrevem uma monografia no privado e enviam seus currículos. Não é assim que você começa um papo.

Nessa jornada de encontros, estabelecendo os mais diversos tipos de relacionamentos profissionais e pessoais, encontro todo tipo de pessoas, e uma das mais nocivas é a que descrevo a seguir, e alerto: não seja uma pessoa assim, e se a encontrar, fuja dela!

Profissional vampiro

Você conhece uma pessoa que o suga, que não dá nenhum espaço para conversa, que domina a cena e não deixa brecha para fala?

Ele não vem vestido com capa preta, dentes caninos afiados, sua cama não é um caixão, não fica vagando pelas madrugadas e muito menos busca vítimas de sangue quente. É também vampiro aquele que suga a energia vital, vitali-

Capítulo 11

dade e o nosso ânimo. E, muitas vezes, ele pode vir travestido de pessoa do bem. O tal "lobo em pele de cordeiro".

Vampiro! Vampiro é um ser mitológico ou folclórico que sobrevive se alimentando da essência vital de criaturas vivas, independentemente de ser um morto-vivo ou uma pessoa viva[129]. A principal característica psicológica de um vampiro é o egocentrismo, o mundo tem que girar em torno dele, é um comportamento indicando que um indivíduo se refere essencialmente a si mesmo, egoísta, autocentrado.

Empatia zero é também uma das características dele, se mostra claramente egoísta ao usar a presença de outra pessoa para esvaziar toda a sua negatividade acumulada, não se importando que isso possa gerar desconforto e angústia para o seu interlocutor. Ele não se coloca no lugar do outro.

"Livre-se dos bajuladores. Mantenha perto de você pessoas que te avisam quando você erra."

Barack Obama[130]

Imagem: site freepik.com

---

129. Disponível em: <https://pt.wikipedia.org/wiki/Vampiro>. Acesso em: 19 jan. 2022.
130. Disponível em: <https://cuidar-do-ser.webnode.com.br/news/se-alguem-procura-um-lugar-para-despejar-seu-lixo-que-esse-lugar-nao-seja-sua-mente-dalai-lama/>. Acesso em: 19 jan. 2022.

Conhecendo os 3 N's?

Vampiros são pessoas que abusam da sua boa vontade e pedem favores, pegam dinheiro ou objetos emprestados (nunca devolvem, nem dão satisfações) e, enfim, ganham sua amizade para depois usá-lo. Dramáticos ao extremo, eles contarão uma longa e triste história para você ficar comovido, e tentar manipulá-lo para que você ofereça ajuda. Geralmente são pessoas invejosas que nunca estão satisfeitas com nada e fazem com que os outros se sintam culpados. Elas pegam os seus pontos fracos e usam para seu próprio benefício como meio de manipulação. Muitas vezes, se aproximam das pessoas ao seu redor para monopolizar a sua negatividade e se aproveitar do poder e brilho do outro.

"Se alguém procura um lugar para despejar seu lixo, que esse lugar não seja sua mente."
Dalai Lama

Algumas personalidades desses vampiros:

Vampiro matraca – É um tipo muito comum: fala sem parar e pega as vítimas pelos ouvidos. O falador nunca ouve você. Ele é inesgotável e não está interessado no que você tem a dizer, nos seus pensamentos ou sentimentos. Ele quer apenas que você esteja ali para ouvi-lo, para que você seja um lixo onde ele pode descarregar tudo;

Vampiro Hardy – Você que nasceu perto dos anos 1980 lembra da hiena Hardy, do clássico desenho Lilly e Hardy? Ele falava muito a frase: "Oh, céus! Oh, vida! Oh, azar!". A vida deste vampiro é dramatizar, é um mar de lágrimas e prantos. Coloca-se sempre na posição de vítima sofredora e culpa o mundo pelo mal que sofre;

Capítulo 11

Vampiro exigente – Ele sabe de tudo, e você está sempre errado. Ele questiona as suas atitudes e, o pior, ainda fala que está dizendo isso porque sabe o que é o melhor para você;

Vampiro cobrador – Cobra tudo de você, até atenção;

Vampiro puxa-saco – É um bajulador, com elogios falsos, amaciando o ego das vítimas. Cuidado com os aduladores;

Vampiro fofoca – Fuja urgente dele, como o diabo foge da cruz. É sério, esse tipo é o pior. E nunca caia no pecado da fofoca maldosa. A fofoca é uma das armas mais perversas dos vampiros que sugam a sua energia. Ele vai chegando de mansinho, conta segredos dos outros para você ter confiança nele e contar os seus, plantando a semente do mal. Traição e calúnia são seus pontos fortes. Sente grande prazer em criar histórias e manchar a imagem do próximo;

Vampiro *slime* – Você conhece brinquedos como *amoeba*, *flubber* ou *slime*? É um tipo de gelatina, mole e grudenta. Ele fica na sua cola, pergunta tudo o que você faz e o copia. Esse tipo de vampiro é muito perigoso, fuja rápido e não fique dando satisfações;

Vampiro SUS – A cada semana, aparece com uma doença nova. É o seu jeito de chamar a atenção dos outros, para que você se preocupe com ele. Não dê ouvidos ao seu pessimismo;

Vampiro invejoso – Um dos mais conhecidos são os invejosos, indivíduos estes que adoram intrigas e fofocas, querem o que você tem sem fazer força: prestígio, seguidores, cultura, relacionamento, etc.;

Vampiro sarcástico – Utiliza um tom irônico e uma linguagem sarcástica para ridicularizar as pessoas, para humilhá-

Conhecendo os 3 N's?

-las de forma elegante e criativa com a coroa da crueldade. Muito cuidado com ele, estamos lidando com um tipo de vampiro emocional.

Esses tipos de pessoas vão minando suas forças, o fazem duvidar de que você é merecedor de tudo que conquistou, de realizar seus sonhos, de amar e ser amado e principalmente, ser feliz. Fique bem longe destes "vampiros emocionais".

Fortaleça a sua autoestima, seu controle emocional e suas habilidades de comunicação. Há muitos tipos de vampiros emocionais como vimos, conheça muito a pessoa com quem você está lidando, não dê todas as informações que você tem. Muitas vezes, o segredo é a alma do negócio e do relacionamento, lembre-se: empatia, confiança e reputação!

A base para um bom networking: empatia, confiança e reputação

Eu acredito que sem essas três palavras não existe o bom e velho *networking*. No dicionário, uma das definições de empatia diz que é a capacidade de se identificar com outra pessoa, de sentir o que ela sente e de querer o que ela quer, ou seja, poderíamos dizer que ter empatia é se colocar no lugar do outro. Quando você estabelece a empatia, abre o canal para a confiança e, a partir daí, pode-se estabelecer a troca.

Em psicologia, confiança pode ser entendida como "um estado psicológico que se caracteriza pela intenção de aceitar a vulnerabilidade, com base em crenças otimistas a respeito das intenções do outro". Pode também ser entendida como a crença na probidade moral, na sinceridade de alguém.[131]

---

131. Disponível em: <https://brainly.com.br/tarefa/32623445>. Acesso em: 19 jan. 2022.

Capítulo 11

Para você ter confiança, é preciso ser sincero, não minta achando que isso lhe dará alguma vantagem. Por mais que seja doloroso, falar a verdade é a melhor coisa para conquistar a confiança das pessoas. Conserte erros cometidos, assuma-os e corrija-os, demonstre humildade e não esconda nada, escute o outro.

Lembre-se que ninguém é perfeito, somos passíveis de erros. Quando as pessoas erram com frequência ou não pedem desculpas, a confiança acaba.

A confiança gira em torno do desenvolvimento da interação humana, você deve gerar confiança e confiar nas pessoas. Para saber se as pessoas são confiáveis, analise seus comportamentos e ações, pois palavras o vento leva. Fazer promessas é fácil; o difícil é mantê-las. As pessoas confiáveis são honradas e pontuais, honre suas palavras, compromissos, projetos e trabalhos. Em suma, trate as pessoas com paciência e carinho, assim você aumenta a chance da recíproca ser verdadeira.

As pessoas podem ser grosseiras ou maldosas, e não é por isso que você agirá igual. Mostre a elas como devem ser: simpáticas e sinceras. Confiar é um risco, pois não estamos no coração e na mente das pessoas, mas vale a pena tentar.

Como estamos falando de relacionamento o tempo todo, nem tudo é o que parece ser, dentro desse ambiente relacional existem diferenças a serem consideradas, embora, em síntese, todos passam por empatia, confiança e reputação.

Então nunca se esqueça dessa fórmula, pois ela vai levá-lo ao sucesso praticando o seu *networking*, *netweaving* e nunca o *notworking*!

Bônus para refletir e exercitar:

1. **Retome antigos contatos:** escreva o nome de até 50 pessoas que marcaram sua vida. Com quantas delas você falou neste último ano? Procure conhecer o maior

Conhecendo os 3 N's?

número de pessoas que puder ao longo da vida, mas escolha aquelas com as quais deseja se relacionar de maneira permanente e construtiva;

2. **Crie uma rotina:** toda semana fale com alguém que trabalhou com você, seu ex-vizinho ou amigo de infância. Inicie sempre a conversa perguntando para aquela pessoa como ela está;

3. **Seja empático:** escute com atenção, abra seu coração para o outro, esteja interessado;

4. **Seja vulnerável:** é preciso ter coragem para expor uma dor. Abra sua câmera e experimente;

5. **Inove:** estar presente não significa necessariamente estar no mesmo espaço físico. Passamos por uma pandemia, e é claro que temos muitas saudades dos eventos presenciais. Exatamente por isso, inove, busque alternativas. Agende um café online, *happy hour*, utilize as ferramentas digitais. Mas mantenha seus laços ativos, a tecnologia é uma aliada para que todo o *networking* que você vem construindo não se perca.

Capítulo 12
O metaverso como uma nova fronteira para networking

De onde veio o metaverso?

O conceito de metaverso surgiu originalmente na literatura de ficção científica. A expressão "metaverso" foi introduzida por Neal Stephenson em seu romance de 1992, intitulado "Snow Crash". No livro, o metaverso é retratado como um ambiente virtual tridimensional onde os usuários podem interagir e criar conteúdo.

Desde então, o termo "metaverso" tem sido usado para descrever diferentes tipos de ambientes virtuais compartilhados, tanto na literatura quanto na indústria de tecnologia. Empresas e plataformas como Second Life, Fortnite e Decentraland têm explorado o conceito de metaverso, criando espaços virtuais interativos onde as pessoas podem se encontrar, socializar e realizar atividades diversas.

Capítulo 12

O metaverso é um conceito que tem ganhado cada vez mais destaque nos últimos anos. Trata-se de um espaço virtual tridimensional, onde pessoas podem interagir, criar, explorar e fazer *networking*. Neste capítulo, exploraremos como o metaverso pode se tornar uma nova fronteira para *networking*, proporcionando oportunidades únicas de conexão e colaboração em um ambiente digital imersivo.

O metaverso pode ser definido como um universo virtual compartilhado, acessível através de dispositivos digitais, onde as pessoas podem se conectar e interagir em tempo real. É um espaço onde a realidade virtual e a realidade aumentada se encontram, permitindo experiências imersivas e interações sociais. É uma extensão do conceito de "ciberespaço" e vai além dos ambientes virtuais tradicionais, como jogos online ou redes sociais.

Oportunidades de networking no metaverso

O metaverso oferece uma série de oportunidades para *networking*, que podem ser exploradas de diferentes maneiras. Algumas delas incluem:

- **Participação em eventos virtuais:** no metaverso, é possível participar de eventos virtuais, como conferências, feiras comerciais e *workshops*. Esses eventos podem ser realizados em espaços virtuais personalizados, onde os participantes podem interagir entre si e com os expositores de forma imersiva. Essa interação pode incluir a troca de informações, a criação de parcerias e a geração de *leads*.

- **Educação e treinamento:** as instituições educacionais e empresas podem usar o metaverso como uma plataforma para treinamento e desenvolvimento. Isso permite que os alunos e funcionários participem de experiências de aprendizado imersivas e interajam com instrutores e colegas.

- **Conexões globais:** o metaverso permite que pessoas de todo o mundo se conectem e interajam sem barreiras físicas. Isso cria oportunidades para *networking* global, onde você pode conhecer pessoas de diferentes culturas e origens, compartilhar ideias e colaborar em projetos.

- **Criação de grupos e comunidades:** no metaverso, é possível criar grupos e comunidades baseadas em interesses comuns. Esses grupos podem ser formados por profissionais de uma determinada área, empreendedores, artistas, entre outros. A interação em um ambiente virtual permite conexões mais rápidas e eficientes, bem como a possibilidade de compartilhar conhecimentos, experiências e oportunidades de negócios.

- **Colaboração em projetos:** o metaverso proporciona um ambiente propício para a colaboração em projetos. Equipes distribuídas geograficamente podem se reunir em espaços virtuais para discutir ideias, compartilhar recursos e trabalhar em conjunto. A interação em tempo real e a possibilidade de visualizar e manipular objetos virtuais facilitam a colaboração e a criação conjunta.

- **Networking informal:** além das interações planejadas, o metaverso também oferece oportunidades de *networking* informal. Ao explorar espaços virtuais, é possível encontrar e interagir com pessoas de diferentes áreas e formações. Esses encontros casuais podem levar a conexões valiosas e oportunidades de colaboração que não teriam ocorrido de outra forma.

Capítulo 12

Desafios e considerações:

Embora o metaverso ofereça oportunidades emocionantes para *networking*, há também desafios e considerações a serem levados em conta. Alguns deles incluem:

- Acessibilidade e inclusão: é importante garantir que o metaverso seja acessível e inclusivo para todos. Isso inclui a disponibilidade de dispositivos acessíveis, como óculos de realidade virtual, e a consideração das necessidades de pessoas com deficiência.

- Privacidade e segurança: ao interagir no metaverso, é necessário estar atento à privacidade e à segurança dos dados pessoais. É fundamental que as plataformas do metaverso adotem medidas de segurança robustas e que os usuários também estejam cientes dos riscos e tomem precauções adequadas.

- Equilíbrio entre o virtual e o presencial: embora o metaverso ofereça oportunidades únicas de *networking*, é importante encontrar um equilíbrio entre o virtual e o presencial. O contato humano e as interações face a face ainda desempenham um papel importante no *networking*, e é essencial não negligenciar essas oportunidades.

O metaverso tem o potencial de se tornar uma nova fronteira para o *networking*, oferecendo oportunidades de conexão e colaboração em um ambiente virtual imersivo. Participar de eventos virtuais, criar grupos e comunidades, colaborar em projetos e aproveitar o *networking* informal são apenas algumas das maneiras pelas quais o metaverso pode ser explorado para *networking*.

O metaverso como uma nova fronteira para networking

É importante considerar os desafios e as considerações, como a acessibilidade, a privacidade e o equilíbrio entre o virtual e o presencial. Com uma abordagem cuidadosa e estratégica, o metaverso pode se tornar uma ferramenta poderosa para expandir sua rede de contatos e impulsionar suas oportunidades profissionais.

No entanto, é importante notar que o desenvolvimento e a adoção do metaverso ainda estão em estágios iniciais, e existem desafios a serem superados, como questões de privacidade e segurança. Além disso, nem todos estão prontos para adotar esse novo paradigma de *networking*, e é necessário considerar como ele se integrará ao mundo físico e às redes sociais tradicionais.

Desde então, o termo "metaverso" tem sido usado para descrever diferentes tipos de ambientes virtuais compartilhados, tanto na literatura quanto na indústria de tecnologia. Empresas e plataformas como Second Life, Fortnite e Decentraland têm explorado o conceito de metaverso, criando espaços virtuais interativos onde as pessoas podem se encontrar, socializar e realizar atividades diversas.

Recentemente, o interesse pelo metaverso tem crescido ainda mais, com empresas como Facebook, Microsoft e Epic Games anunciando planos e investimentos para criar suas próprias versões de metaversos. O objetivo é desenvolver ambientes virtuais cada vez mais imersivos e colaborativos, que possam ser acessados por meio de tecnologias como realidade virtual e aumentada.

Em resumo, o metaverso oferece uma nova fronteira para *networking*, proporcionando oportunidades para conexões sociais, profissionais e comerciais em um ambiente virtual e imersivo. Como essa tecnologia continua a se desenvolver, é importante estar atento às oportunidades que ela pode oferecer para expandir sua rede de contatos e colaborações.

Capítulo 12

O metaverso deu certo?

De acordo com a matéria Olhar Digital[132], Mark Zuckerberg ficou muito conhecido por revolucionar a internet mundial com a chegada do Facebook, rede social de sua criação. Anos depois, sua empresa comprou outras plataformas, como WhatsApp e Instagram, e hoje se estabeleceu como um dos maiores conglomerados de tecnologia do mundo. E a nova aposta do empresário vai além de uma rede social, se trata de um universo digital: o metaverso.

Não é nenhuma novidade que Zuckerberg está focado nesse projeto, tanto que sua empresa, há cerca de um ano, foi rebatizada como "Meta". A vontade de fazer o metaverso dar certo é tão grande que bilhões de dólares estão sendo destinados ao mundo digital, o que espanta até mesmo outros acionistas da empresa.

Arthur Igreja apontou que um dos principais problemas para que as pessoas ainda não se interessem pelo metaverso é a falta de experiência com essa tecnologia. "Muita gente nunca usou um *headset* e se sente afastado disso".

"O metaverso da Meta não é um jogo igual muitos estão pensando, é realmente uma realidade alternativa como integração social", afirmou Braga ao pontuar que a tecnologia ainda não está pronta e que a empresa de Zuckerberg ainda precisa trabalhar em experiências e hardwares que sejam acessíveis ao cliente final.

Arthur Igreja reforçou que é necessário possuir um "ecossistema de tecnologias, *softwares* e plataformas" para atingir o ideal do metaverso, com a imersão e senso de comunidade esperados.

---

132. https://olhardigital.com.br/2022/10/14/internet-e-redes-sociais/o-que-falta-para-o-metaverso-decolar/

O metaverso como uma nova fronteira para networking

"Não é só ter *headset*, é preciso ter um ecossistema de *apps*, jogos e afins. Outro ponto é, não adianta você ter o *headset* e seu amigo não ter", afirmou. "Tudo isso está em um estágio embrionário de amadurecimento".

Igreja disse acreditar que é possível esperar um prazo de três a cinco anos para que a tecnologia imaginada por Zuckerberg esteja completamente operacional, mas que é necessário levar em consideração uma série de fatores.

O especialista citou como exemplo a inteligência artificial, que hoje está em sua "era dourada", mas que é trabalhada desde 1956 e já passou por "dois invernos" – períodos em que se acredita que a tecnologia vai deslanchar, mas isso não acontece e acaba gerando um certo ceticismo apontando que aquilo deu errado.

Igreja disse que ainda é difícil prever se o metaverso vai realmente acontecer agora, ou seguirá os passos do Google Glass, que foi visto como uma revolução da realidade aumentada, mas foi rapidamente esquecido.

Capítulo 13

O retorno aos eventos depois da pandemia

A pandemia de covid-19 causou um impacto significativo em todos os setores da sociedade, incluindo a indústria de eventos. Com o avanço da vacinação e a redução dos casos, muitas pessoas retomaram as atividades presenciais, incluindo a participação em eventos. Neste capítulo, discutiremos os desafios e as oportunidades da volta aos eventos após a pandemia, bem como as medidas de segurança e as mudanças que podem ser esperadas nesse novo cenário.

Desafios e oportunidades

A volta aos eventos presenciais depois da pandemia traz consigo uma série de desafios a serem superados. Um dos principais desafios é a reconstrução da confiança do público em par-

Capítulo 13

ticipar de grandes aglomerações. Muitas pessoas ainda estão preocupadas com a possibilidade de contaminação, mesmo vacinadas. Nesse sentido, os organizadores de eventos adotaram, principalmente no retorno, medidas de segurança rigorosas e comunicaram de forma clara as precauções tomadas para garantir a segurança dos participantes.

Por outro lado, a volta aos eventos também representou oportunidades para inovação e reinvenção. Durante a pandemia, muitos eventos foram adaptados para o formato virtual, o que permitiu maior alcance e participação de pessoas de diferentes partes do mundo. Essa experiência pode ser aproveitada para criar eventos híbridos, que combinem a participação presencial com a virtual, proporcionando uma experiência mais inclusiva e abrangente.

Medidas de segurança

A segurança dos participantes foi a principal preocupação ao planejar a volta aos eventos presenciais. Algumas medidas de segurança foram adotadas e ainda podem ser utilizadas:

- **Verificação de vacinação ou teste negativo:** comprovação de vacinação ou teste negativo em eventos presenciais. Isso ajuda a reduzir o risco de contaminação e transmite confiança aos participantes.

- **Uso de máscaras e distanciamento social:** embora a obrigatoriedade do uso de máscaras e o distanciamento social tenham sido flexibilizados com a vacinação, é importante continuar incentivando essas práticas, especialmente em ambientes fechados.

- **Higienização e limpeza frequente:** aumentar a frequên-

O retorno aos eventos depois da pandemia

cia de limpeza e disponibilizar estações de higienização com álcool em gel em locais estratégicos é fundamental para garantir a segurança dos participantes.

- **Controle de capacidade:** limitar o número de participantes de acordo com as diretrizes das autoridades de saúde é uma medida importante para evitar aglomerações.

Mudanças no cenário de eventos

A volta aos eventos presenciais após a pandemia também trouxe mudanças significativas no cenário de eventos. Algumas delas:

1. **Mais valorização da experiência presencial:** após um longo período de isolamento social, a experiência presencial ganhou ainda mais valor. Os eventos estão se reinventando, oferecendo experiências únicas e imersivas que justifiquem a participação presencial.

2. **Híbrido:** como mencionado anteriormente, os eventos híbridos, que combinam a participação presencial com a virtual, são mais comuns. Isso permite que um público maior participe, mesmo que não possa estar presente fisicamente.

3. **Investimento em tecnologia:** a tecnologia tem desempenhado um papel fundamental na volta aos eventos presenciais. Desde a transmissão ao vivo até a interação virtual, os organizadores de eventos têm investido em infraestrutura tecnológica para atender às demandas do público.

Capítulo 13

A volta aos eventos presenciais depois da pandemia representa uma esperança de recuperação e uma oportunidade de reconstruir e reinventar a indústria de eventos. No entanto, é importante lembrar que a segurança dos participantes sempre deve ser a prioridade máxima. Adotar medidas de segurança e comunicar de forma clara as precauções são essenciais para reconquistar a confiança do público. Além disso, a adoção de formatos híbridos e o investimento em tecnologia permitem uma maior inclusão e alcance, tornando os eventos mais acessíveis e abrangentes. Com planejamento cuidadoso e adaptação às mudanças, a volta aos eventos presenciais é um impulso para a indústria e uma fonte de alegria e conexão para as pessoas.

A volta aos eventos presenciais tem acontecido, mas o cenário ainda é dinâmico e sujeito a mudanças. A pandemia trouxe uma série de desafios e oportunidades para a indústria de eventos, e a adaptação continua sendo fundamental para o sucesso dos eventos presenciais.

A importância dos eventos presenciais depois da pandemia

Os eventos presenciais desempenham um papel fundamental em várias áreas da sociedade e da economia, e sua importância é evidente em diversos aspectos:

Networking: os eventos presenciais oferecem oportunidades valiosas de *networking*, permitindo que as pessoas se encontrem pessoalmente, troquem contatos e estabeleçam conexões profissionais e pessoais. Essas conexões podem levar a colaborações, oportunidades de negócios e crescimento profissional.

O retorno aos eventos depois da pandemia

Aprendizado prático: conferências, seminários e *workshops* presenciais permitem que os participantes aprendam com especialistas em seus campos de atuação. A interação direta com palestrantes e instrutores, bem como a participação em sessões práticas, contribui para a aquisição de conhecimento de forma mais eficaz.

Experiências imersivas: eventos presenciais oferecem experiências imersivas que vão além do aprendizado teórico. Eles podem incluir demonstrações ao vivo, exposições interativas, apresentações visuais e experiências sensoriais que enriquecem a compreensão e o envolvimento dos participantes.

Promoção de negócios locais e turismo: eventos presenciais atraem participantes de diferentes regiões e países, o que beneficia a economia local e a indústria do turismo. Hotéis, restaurantes, transporte e outras empresas locais muitas vezes se beneficiam desses eventos.

Construção de confiança e relacionamentos duradouros: interagir pessoalmente com clientes, parceiros de negócios e colegas de trabalho ajuda a construir confiança e relacionamentos mais sólidos. A comunicação face a face permite uma melhor compreensão das necessidades e expectativas das partes envolvidas.

Marketing e promoção: eventos presenciais são uma ferramenta poderosa de marketing e promoção. Eles oferecem uma oportunidade única para as empresas se destacarem, lançarem produtos, realizarem demonstrações ao vivo e construírem a conscientização da marca.

Troca de ideias e inovação: a reunião de pessoas de diferentes origens e áreas de especialização em eventos pre-

Capítulo 13

senciais promove a troca de ideias e o compartilhamento de conhecimento, o que pode levar a inovações e soluções criativas para desafios comuns.

Sentimento de comunidade: participar de eventos presenciais pode criar um senso de pertencimento a uma comunidade ou grupo específico. Isso é especialmente importante em setores como esportes, música, religião e causas sociais, onde os eventos presenciais unem as pessoas em torno de interesses compartilhados.

Interação humana real: em um mundo cada vez mais digital, os eventos presenciais oferecem uma oportunidade valiosa para interações humanas autênticas. Eles permitem que as pessoas se encontrem face a face, compartilhem experiências e criem memórias que podem durar a vida toda.

No entanto, é importante notar que a pandemia de covid-19 alterou significativamente a dinâmica dos eventos presenciais, levando a um aumento na realização de eventos online e híbridos. À medida que o mundo se adapta a essa nova realidade, a importância dos eventos presenciais pode ser reavaliada, com um equilíbrio entre a conveniência do mundo digital e os benefícios únicos das interações pessoais.

Conclusão
Não tem desculpa para fazer networking

A pandemia da covid-19 nos afetou de uma maneira geral, trabalho, casa, relacionamentos e inclusive a nossa saúde. O distanciamento nos obrigou a viver uma nova realidade, principalmente no âmbito profissional, e fazer *networking* na pandemia foi uma questão de estreitar laços com quem já temos contato ou ampliar ainda mais a nossa rede.

Nunca foi tão difícil para eu lidar com o distanciamento, sempre fui ativa nos eventos presenciais, tanto que criei o evento "Conecte-se Rede de *Networking*", tamanha a minha necessidade de interagir com as pessoas. Porém fiquei sem chão, me afoguei em *lives* no Instagram e no LinkedIn para superar esta ausência de novas pessoas na minha rede de contatos.

O uso da tecnologia aumentou, eventos já a estão usando quantidades crescentes para melhorar as suas apresentações. As mídias sociais

Conclusão

permitiram que as pessoas acompanhem tudo remotamente. É o novo "*bug*"! Quem estava a passos de tartaruga nesse ambiente digital, viu-se obrigado a virar lebre do dia para a noite.

Durante a pandemia, houve um crescimento de 40% no uso das redes sociais, com esse distanciamento elas assumiram o comando e transformaram o *networking* na pandemia. As redes sociais se tornaram ferramentas de trabalho em vez de simples lazer, e no âmbito mais funcional reuniões, palestras, apresentações, webinários, eventos e *workshops* invadiram o mundo online.

Um estudo da Social Media Trends Report[133] mostrou que, no segundo trimestre de 2020, as empresas investiram 26% a mais em redes sociais do que em relação ao primeiro trimestre do mesmo ano.

Como se relacionar com pessoas fazendo *networking* online?

Crédito da foto: Janice Rastrello

133. https://olhardigital.com.br/2022/10/14/internet-e-redes-sociais/o-que-falta-para-o-meta-verso-decolar/

Não tem desculpa para fazer networking

Conhecer pessoas no virtual é um aprendizado que exige que tudo que você leu neste livro seja potencializado. É bom deixar claro que o melhor é focarmos mais na qualidade do que na quantidade. É muito mais vantajoso conseguir manter um contato de qualidade com um número menor de pessoas, e focar na interação ativa para ampliar a sua rede de contatos. Tenha conversas frequentes, agende o famoso café virtual, mesmo estando online é possível manter essas relações para fortalecer seus bons contatos.

Apresente-se, mostre que você é interessante para as pessoas para que elas tenham uma ideia geral de quem você é e o que você entrega. Mostre-se preocupado com os outros, demonstre empatia pela situação do outro, seja porque perdeu um ente querido, ou o desemprego bateu à porta, procure saber se aquela pessoa precisa de ajuda ou auxílio. Nas adversidades, os vínculos de confiança fortalecem um relacionamento.

Saiba lidar com imprevistos nos encontros virtuais, como, por exemplo, barulho das crianças na sala, cachorro que está latindo, carro do ovo, da pamonha ou obras na rua etc. É normal acontecer esses pequenos incidentes. O imprevisto cria uma empatia, fortalecendo a relação entre vocês. Dê sugestões de melhorias quando tais situações ocorrerem, isso também demonstra cuidado.

Nas novas conexões, pesquise antes de se conectar, a dica de ouro aqui é checar sobre o que aquela determinada pessoa faz antes de entrar em contato com ela, busque interesses em comum, quebre o gelo com algum assunto que ambos conheçam.

Seja flexível com as situações adversas, sugira opções de fazer interações em outras plataformas caso algo dê errado, pergunte como prefere que esse encontro aconteça (por telefone ou videoconferência) e o melhor horário. Não se esqueça de que o que é bom para você não é bom para todo mundo,

Conclusão

seja maleável. A chave correta para fazer um bom *networking* é adaptar as condições do outro à sua.

Cuide da sua saúde, é o seu bem maior e você precisa estar disposto para fazer contato com os seus amigos e parceiros, não é verdade?

Qual a melhor rede social neste momento para o networking profissional?

Quando pensamos em redes sociais com foco profissional pensamos logo nele, o LinkedIn, a meu ver, a melhor opção para quem quer fazer *networking* nestes tempos. Aproveite e atualize o seu perfil!

Lá encontramos:

- **Conteúdos relevantes;**
- **Vagas de emprego;**
- ***Networking* contínuo por meio das interações;**
- **Recrutamento dentro da plataforma;**
- ***E-Learning* (cursos online);**
- **Grupos de discussões;**
- ***Lives.***

Aproveite a oportunidade para interagir, ingresse em grupos e eventos virtuais de discussão, não fique parado, sem ajudar pessoas ou sem ofertar o seu conteúdo na rede, não se deixe ser esquecido.

Reforço que a chave para ter uma boa rede de contatos, tanto para o real quanto o virtual, é criar uma relação de confiança. Não procure alguém só quando você precisar de aju-

Não tem desculpa para fazer networking

da. É uma relação de troca, uma via de mão dupla para que ambos saiam ganhando.

O que esperar do retorno dos eventos pós pandemia?

Uma pesquisa realizada pelo Sebrae [134], em abril de 2020, mostra que a pandemia afetou 98% do setor de eventos e há, em média, 12 eventos cancelados e 7 remarcados pelas empresas. Dos 2702 empresários ouvidos, quase a maioria relatou que seu faturamento caiu entre 76% a 100%, comparando-os ao mesmo período em 2019.

O modelo híbrido de evento já é uma tendência a ser observada, aliando a presença física com o alcance do virtual. Porém, o presencial ainda é fundamental pela experiência completa que proporciona. O futuro dos eventos passa mais por uma transformação digital do que uma mera construção de protocolos e ações direcionadas. Temos que nos reinventar, os eventos online são uma saída vantajosa para muitas empresas, até porque o ambiente digital possibilita ampla visibilidade para o Brasil e para o mundo, atingindo os mais diversos públicos, com um custo proporcionalmente menor.

Somos seres sociais e precisamos dos encontros físicos para viver melhor e, na negociação comercial, o vínculo pessoal que se cria por meio do presencial traz muito mais satisfação e confiança para as partes.

A pandemia foi um período muito desafiador, precisamos conseguir ressignificar nossa função, com criatividade e inovação.

Eventos fortes contribuem para a recuperação da economia, criam oportunidades de negócios e transformam visitantes em empreendedores. É de reforço estratégico que a economia preci-

---
[134]. https://www.sebrae.com.br/sites/PortalSebrae/artigos/entenda-o-impacto-da-pandemia-no-setor-de-eventos,424ba538c1be1710VgnVCM1000004c00210aRCRD

Conclusão

sa e os eventos de negócios cumprem este papel com maestria.

Ao mesmo tempo, temos que tirar da cabeça a crença de que ninguém paga por eventos online. Empresas e profissionais pagam por conteúdo exclusivo, pelo seu objetivo, e resultados que possam estar agregados ao evento.

Já voltamos aos eventos presenciais, com alguns protocolos sanitários. Os *coffee breaks* servidos nos eventos se tornaram *breaks* ao pé da tradução. Ainda temos os lanches, mas eles passaram a ser paradas estratégicas mais isoladas para interação e novos modelos de negócios. A ocasião acabou sendo propícia para o surgimento de horários diferentes de intervalos para diferentes grupos de eventos. As salas já são mais espaçosas e com número menor de pessoas.

Resiliência nunca foi tão importante no momento em que vivemos, adaptar-se a mudanças, superar obstáculos ou resistir à pressão de situações adversas. A reinvenção é necessária, inove!

O retorno aos eventos foi um momento muito aguardado depois da pandemia. Com a gradual flexibilização das restrições e o avanço da vacinação, as pessoas ficaram ansiosas para retomar as atividades presenciais e se reunir novamente em eventos sociais, culturais, esportivos e corporativos.

No entanto, foi essencial o retorno aos eventos de forma responsável e segura. A saúde e o bem-estar dos participantes, colaboradores e comunidade em geral foram prioridades. As autoridades locais e especialistas em saúde forneceram diretrizes e regulamentações para garantir que os eventos pudessem acontecer de maneira segura.

Algumas medidas foram adotadas como: distanciamento social, uso de máscaras, disponibilização de estações de higienização das mãos e limitação do número de participantes. Além disso, foi importante comunicar claramente todas as medidas de segurança implementadas durante o evento, para

Não tem desculpa para fazer networking

que os participantes se sentissem confiantes em comparecer.

O retorno aos eventos, agora, também pode ser uma oportunidade para explorar novas abordagens, como eventos híbridos ou virtuais. Essas opções permitem que um público maior possa participar, mesmo que não se sintam confortáveis em participar presencialmente. A tecnologia desempenha um papel importante nesse sentido, permitindo a transmissão ao vivo de palestras, *workshops* e apresentações, bem como a interação virtual entre os participantes.

Além das questões de segurança, o retorno dos eventos também é uma oportunidade para criar experiências memoráveis. Os organizadores podem pensar em maneiras de tornar os eventos mais envolventes e interativos, explorando diferentes formatos, tecnologias imersivas e atividades de *networking*. A criatividade pode ser um diferencial, oferecendo aos participantes algo único e inesquecível.

Por fim, é importante solicitar *feedback* dos participantes após o evento. Isso ajudará a entender o que funcionou bem e o que pode ser melhorado para futuros eventos. A adaptação e a evolução constante são fundamentais para atender às expectativas do público e oferecer experiências cada vez melhores.

O retorno dos eventos é um sinal de esperança e recuperação após um período desafiador. Com planejamento cuidadoso, responsabilidade e criatividade, temos retomado as atividades presenciais de forma segura e oferecido momentos de conexão, aprendizado e diversão para todos os participantes.

As pessoas mais felizes e de sucesso não são as que têm as melhores coisas, são as que sabem fazer o melhor das oportunidades que aparecem em seus caminhos.

Vamos nos conectar?!

Conclusão

Conecte-se com quem você quiser!